A PROTEÇÃO CONTRA

DESPEDIDA ARBITRÁRIA OU SEM JUSTA CAUSA NO BRASIL

Adriano Mesquita Dantas

A PROTEÇÃO CONTRA DESPEDIDA ARBITRÁRIA OU SEM JUSTA CAUSA NO BRASIL

2ª edição | revista atualizada ampliada

2020

EDITORA *Jus*PODIVM
www.editorajuspodivm.com.br

EDITORA *Jus*PODIVM
www.editorajuspodivm.com.br

Rua Território Rio Branco, 87 – Pituba – CEP: 41830-530 – Salvador – Bahia
Tel: (71) 3045.9051
• Contato: https://www.editorajuspodivm.com.br/sac

Capa: Ana Caquetti

D192p Dantas, Adriano Mesquita.
A proteção contra despedida arbitrária ou sem justa causa no Brasil / Adriano Mesquita Dantas. – 2. ed. rev., atual. e ampl. – Salvador: JusPodivm, 2020.
160 p.

Bibliografia.
ISBN 978-85-442-3145-6.

1. Direito do Trabalho. 2. Proteção contra despedida arbitrária. 3. Dissolução do contrato de trabalho. I. Dantas, Adriano Mesquita. II. Título.

CDD 342.6526

À minha filha, Camila Gayoso Dantas,
a criança de hoje e a trabalhadora de amanhã.

AGRADECIMENTOS

A presente obra é fruto da pesquisa realizada no curso de mestrado em Ciências Jurídicas do Programa de Pós-Graduação da Universidade Federal da Paraíba – PPGCJ/UFPB, ao longo do qual contei com a ajuda e colaboração, direta e indireta, dos meus familiares, amigos, professores e servidores da UFPB.

Todos foram fundamentais para a conclusão deste trabalho!

Assim, começando pela minha família, agradeço à minha mãe, Ana Mesquita, e à minha irmã, Ana Beatriz. Com amor, carinho, dedicação e renúncia, elas sempre estimularam minha formação acadêmica e acreditaram nos meus sonhos, inclusive os mais ousados.

Com carinho, agradeço o apoio e o incentivo do meu pai, Carlos Dantas, e da minha irmã Mônica, que mesmo distante torceram pelo sucesso desse projeto.

À minha esposa, Cândida Gayoso, agradeço o amor, o carinho e a dedicação à nossa família. Compreendendo a importância deste trabalho, supriu minhas ausências na criação da nossa filha.

Agradeço à minha filha Camila por interromper com frequência – mas sempre com um lindo sorriso no rosto – minhas longas e solitárias horas de estudo, tornando-as mais leves e gratificantes.

Aos professores e servidores do Programa de Pós-Graduação em Ciências Jurídicas da Universidade Federal da Paraíba e, em especial, ao Prof. Dr. Cláudio Pedrosa Nunes, meu Orientador, agradeço a paciência e dedicação ao ensino do Direito.

Agradeço, ainda, aos amigos e colegas que fiz no Escritório Aldo Medeiros Advocacia S/C, na 18ª Procuradoria de Justiça do Rio Grande do Norte, na Advocacia-Geral da União e nos Tribunais Regionais do Trabalho das 13ª e 21ª Regiões pelas oportunidades e ensinamentos práticos transmitidos ao longo de minha carreira profissional.

Por fim, porém não menos importante, agradeço a Deus. E a Ele não só agradeço, como também peço luz e força para os próximos desafios da vida acadêmica.

PREFÁCIO

Nos últimos tempos, a pesquisa no direito do trabalho tem assumido uma postura excessivamente burocrática e disfuncional. Adotando objetos de estudo excessivamente abstratos e desapegados da realidade factual, a doutrina trabalhista foi contagiada por um solipsismo crônico, na medida em que se distancia dos efeitos concretos de seus postulados. Em busca de enunciados de impacto, mas com pouquíssima eficácia dogmática, o pesquisador juslaboralista brasileiro não tem sido feliz na condução de pesquisas capazes de oferecer respostas objetivas para problemas contemporâneos[1].

Não se pode deixar de mencionar que o enfrentamento dos problemas jurídicos pressupõe a construção de soluções concretas e viáveis no plano fático. Ao ignorar essa premissa fundamental, as pesquisas trabalhistas redundam em impasses metodológicos intransponíveis, que acabam mascarados por um discurso "socialmente aceitável". O grande desafio para o pesquisador da área trabalhista é libertar-se deste círculo vicioso e produzir pesquisas aptas a gerar conclusões coerentes e acertadas metodológica e dogmaticamente.

Aqueles que se libertam dessa letargia doutrinária são capazes de legar estudos sérios, bem construídos e portadores de conclusões verdadeiramente propositivas. Tenho absoluta certeza de que o acadêmico e magistrado Adriano Mesquita Dantas se enquadra no perfil desses pesquisadores comprometidos com a excelência dos seus trabalhos jurídicos.

A obra que temos a honra de apresentar – *Despedida arbitrária e sem justa causa no Brasil* –, fruto de sua dissertação de

1. Este mesmo problema é identificado no âmbito do direito do trabalho português, conforme alerta de Maria do Rosário Palma Ramalho (*In*: **Direito do trabalho – Parte I – Dogmática Geral, 2. Ed.** Coimbra: Almedina, 2009, p. 143 e segs.)

mestrado, aprovada perante a Universidade Federal da Paraíba - UFPB, cuja banca examinadora tive a honra de integrar, ostenta todos os atributos necessários para sua tipificação como uma pesquisa séria e vanguardista.

Os méritos da obra se iniciam pela própria escolha do tema. Na realidade, pouca importância a doutrina contemporânea conferiu à análise do assunto, muito embora a questão assuma contornos relevantes, especialmente em períodos de grave crise econômica. Ao longo dos anos, o inciso I do art. 7º da Constituição Federal foi solenemente ignorado pela doutrina enquanto garantia explícita de proteção em face do despedimento arbitrário[2]. Obviamente, a doutrina apresenta uma larga produção científica direcionada ao despedimento discriminatório[3], mas nos últimos anos verificou-se uma omissão estrutural no que concerne ao enfrentamento do tema relacionado ao **despedimento arbitrário**.

O reconhecimento de que a faculdade do rompimento do vínculo laboral pelo empregador não se consubstancia um direito potestativo diante do arcabouço constitucional vigente é uma conclusão corajosa. O autor, entretanto, não se furta de vindicar a validade e a atualidade dessa assertiva. Analisando a fundamentalidade da valorização do trabalho humano, enquanto primado constitucional, fixa a premissa de que a efetivação dos direitos sociais assegurados nos limites do art. 7º da Carta Política deve ser canalizada de forma concreta, pois, segundo o autor: "[...] dignidade humana não se satisfaz com o mero reconhecimento abstrato de direitos".

Também não se conforma com a delegação ao poder legislativo da tarefa de concretização dos direitos sociais e busca, na

2. É digno de destaque, por outro lado, a tentativa de Arnaldo Süssekind no sentido de viabilizar o reconhecimento de uma proteção constitucional ampla nos limites da CF, art. 7º, I (vide **Instituições de direito do trabalho, 22. ed**. São Paulo: LTr, 1998).

3. Vide, nesse particular, MALLET, Estevão. **Igualdade e Discriminação em Direito do Trabalho.** São Paulo: LTr, 2013; FURTADO FILHO, Emmanuel Teófilo. **Combate à Discriminação Racial no Brasil e na França: Estudo Comparado da Efetivação das Ações Afirmativas**. São Paulo: LTr, 2013; RENAULT, Luiz Otávio Linhares et al. **Discriminação, 2.ed,** São Paulo: LTr, 2010.

essência do próprio comando normativo, elementos necessários para reconhecimento genérico da limitação ao poder resilitório patronal. Nessa perspectiva, reconhece, a partir da redação da CLT, art. 165, elementos normativos suficientes para dosar e limitar os poderes patronais voltados ao desfazimento do contrato de trabalho.

Essa questão reflete a clareza do pensamento do autor, especialmente porque há uma nítida distinção entre proteção contra o despedimento arbitrário e a estabilidade. No âmbito doutrinário, poucos autores apresentaram essa diferenciação de maneira objetiva[4]. Aprioristicamente falando, o reconhecimento da estabilidade, pelo menos em sua acepção mais ortodoxa, pressupõe a vedação integral da prerrogativa resilitória do empregador, que só poderá romper o liame empregatício diante do descumprimento de obrigações contratuais.

O reconhecimento da nulidade do despedimento arbitrário não inibe ou proíbe o desfazimento do contrato de trabalho, mas apenas impõe ao empregador o ônus de motivar seu ato. Tais motivações não são apenas de índole disciplinar ou obrigacional, mas envolvem todos os aspectos de ordem financeira, econômica ou técnica. A inibição do poder resilitório, a partir da abrangência da proteção constitucional, pode ser concretizada no plano jurisdicional, a partir do reconhecimento da necessidade de ser limitado o direito potestativo do empregador.

Conforme retrata o próprio autor, a jurisprudência do Supremo Tribunal Federal e do Tribunal Superior do Trabalho não se inclina ao reconhecimento da proteção genérica do liame empregatício em face do despedimento arbitrário. No entanto, há relevantes julgados que estabelecem pontualmente hipóteses de nulidade de despedimento arbitrário sem o reconhecimento de situação de estabilidade no emprego. Tal tendência pode ser observada no Supremo Tribunal Federal, quando limita o

4. Vide, nesse sentido, MEIRELES, Edilton. **A constituição do trabalho – O trabalho nas Constituições d a Alemanha, Brasil, Espanha, França, Itália e Portugal, 2. Ed.** São Paulo: LTr, 2014, p. 163 e segs.

poder resilitório do administrador público em face dos empregados de empresas públicas e sociedades de economia mista[5]. Também o Tribunal Superior do Trabalho acena com a possibilidade de limitação do poder patronal resilitório no caso de empregados portadores de doença grave[6] ou mesmo no caso de despedimentos coletivos[7].

O autor, por outro lado, apresenta uma postulação bem mais ousada, vindicando a construção de um sistema dogmático capaz de oferecer ferramentas de coibição do despedimento arbitrário ou sem justa em geral. Não há dúvidas de que a tese construída se apresenta absolutamente vanguardista em face da posição jurisprudencial dominante. No entanto, esses postulados não são construídos de forma irresponsável ou aleatória, mas sim gerados a partir de uma premissa clara e objetiva.

Em uma época na qual a proteção social apresenta-se como um verdadeiro entrave para os agentes econômicos, a defesa da limitação do poder resilitório patronal pode parecer paradoxal ou anacrônica. No entanto, a edificação de um sistema de proteção social, mesmo em tempos tão difíceis e turbulentos, é uma prioridade que não pode ser vista apenas como um delírio utópico.

O desenvolvimento econômico desprovido da preocupação com os trabalhadores não tem sentido ou sustentabilidade social. Reprimir, dosar e desestimular os despedimentos imotivados é tarefa do direito do trabalho, inclusive no seu viés contemporâneo. O vínculo empregatício dotado das estruturas estatais de proteção continua a ser a medida mais adequada e objetiva para a consecução da justiça social. A garantia dos postos de trabalho dignifica o trabalho, viabiliza sua autonomia e potencializa a cidadania.

5. STF, AI 651512 AgR-ED / RS. Relator Min. Ricardo Lewandowski. Julgamento: 26/11/2013. Publicação: 03/02/2014
6. Súmula nº 443 do TST.
7. TST - RO 0051548-68.2012.5.02.0000; Seção Especializada em Dissídios Coletivos; Relª Min. Kátia Magalhães Arruda; Julg. 12/05/2014; DEJT 16/05/2014; TST; RO 0051548-68.2012.5.02.0000; Seção Especializada em Dissídios Coletivos; Relª Min. Kátia Magalhães Arruda; Julg. 12/05/2014; DEJT 16/05/2014; Pág. 275.

Os valores realçados pela manutenção do emprego transcendem qualquer tipo de vantagem econômica obtida pela disseminação desenfreada dos despedimentos. Os atos dos empregadores não podem ser guiados exclusivamente em uma perspectiva financeira, pois implicam severas consequências na vida dos trabalhadores. Reconhecer a prerrogativa de romper os vínculos empregatícios como um direito sem limitação ou restrição consubstancia-se em uma verdadeira ofensa aos princípios basilares do Estado democrático de direito[8].

O autor e magistrado Adriano Mesquita Dantas, nessa perspectiva, desperta nossa profunda admiração pela forma arrojada e destemida pela qual enfrenta um tema de tanta relevância social. Ganham os leitores e, especialmente, o direito do trabalho uma contribuição acadêmica primorosa e paradigmática.

João Pessoa.

Wolney de Macedo Cordeiro

Mestre e Doutor em Direito. Desembargador do Trabalho da 13ª Região.
Professor Titular do UNIPÊ-Centro Universitário de João Pessoa.
Diretor da Escola Judicial do Tribunal Regional do Trabalho da 13ª Região
- Biênio 2015-2017.

8. SCHWARZ, Rodrigo Garcia. **Os Direitos Sociais e a Sindicabilidade Judicial das Políticas Públicas Sociais no Estado Democrático de Direito.** São Paulo: LTr.

Sumário

INTRODUÇÃO

Na vigente ordem econômica mundial, pautada pela globalização e pelo neoliberalismo, a otimização dos custos da produção passou a ser uma constante, o que desencadeou um movimento de desregulamentação e precarização dos direitos sociais, tendente à exclusão social. Acirrando a competitividade entre os trabalhadores e aumentando o desemprego (que passa a ser estrutural e em massa), retoma-se – na prática – o processo de mercantilização do trabalho, há muito superado pelo Tratado de Versalhes de 1919.

Não foi sem razão, portanto, que a complexa e conflituosa relação entre capital e trabalho, marcada pela subordinação (em tese, apenas jurídica) dos trabalhadores em relação aos donos dos meios de produção, recebeu atenção especial da Assembleia Nacional Constituinte responsável pela elaboração e promulgação da Constituição Federal de 1988.

No entanto, embora tendo feito opção expressa pela valorização do trabalho humano (art. 170) e pela proteção da relação de emprego contra despedida arbitrária ou sem justa causa (art. 7º, I), a proteção do emprego (digno e decente) é, hoje, limitada ao direito a uma indenização (multa rescisória) equivalente a 40% do montante depositado na conta vinculada do FGTS, na forma do art. 10, I, do ADCT.

Há, assim, um aparente conflito entre o que a Constituição Federal de 1988 pretendeu assegurar e o que é efetivado pelo Estado e pela sociedade no mundo dos fatos e conforme a realidade socioeconômica, o que impõe a (re) valorização do texto constitucional, em busca da força normativa e da máxima efetividade dos princípios e direitos fundamentais dos trabalhadores, de forma a evitar o retrocesso social.

É, pois, diante desse contexto que entendemos necessário aprofundar o estudo sobre o direito fundamental ao trabalho, com foco na efetivação e concretização da proteção constitucional da relação de emprego contra despedida arbitrária ou sem justa causa, prevista no art. 7º, I, da Constituição Federal de 1988.

Esse é, portanto, o ponto central da pesquisa, que será desenvolvida a partir da doutrina e da jurisprudência do Tribunal Superior do Trabalho, órgão de cúpula da Justiça do Trabalho, cuja função principal é a de uniformizar a jurisprudência trabalhista, inclusive em matéria constitucional (art. 896, c, da CLT), tendo como **marco temporal** o período posterior a Emenda Constitucional n.º 24, de 16 de agosto de 1996, que implicou no fim da figura do vogal ou juiz classista no âmbito da Justiça do Trabalho e alterou a composição dos Tribunais do Trabalho. O corte temporal decorre da necessidade de a pesquisa investigar os aspectos eminentemente jurídicos das decisões judiciais, afastando qualquer viés tendencioso ou corporativista que possa influenciar o resultado, já que o modelo de representação paritária adotado na Justiça do Trabalho foi alvo de críticas fundadas, tendo em vista os critérios de escolha dos vogais ou juízes classistas, em alguns casos de pouca qualificação para tão nobre mister.

A **relevância do tema** decorre da existência de controvérsia fundada no âmbito do Tribunal Superior do Trabalho sobre a aplicabilidade do art. 7º, I, da Constituição Federal, bem como da aparente ineficácia jurídica de normas e princípios constitucionais que protegem a relação de emprego e o valor social do trabalho. Tanto é assim que, no início de 2009, alegando redução das encomendas de aviões em razão da crise mundial, a EMBRAER - Empresa Brasileira de Aeronáutica S.A. despediu mais de 4 (quatro) mil empregados de uma só vez, situação que restou chancelada pela maioria dos Ministros do Tribunal Superior do Trabalho em sede de Recurso Ordinário em Dissídio Coletivo (RODC n.º 309/2009-000-15-00.4).

Por outro lado, a atuação profissional como juiz do trabalho demonstrou que diariamente vários contratos de emprego são rescindidos sem que o empregador apresente qualquer justificativa ou motivação ao empregado, situação que não parece coerente com o Estado Democrático de Direito, nem é salutar para o desenvolvimento social e econômico do país, já que acarreta um quadro de insegurança jurídica e incertezas aos atores sociais envolvidos nas relações de trabalho.

Essa situação, além de justificar, demanda uma investigação mais profunda e acurada, com o propósito de contribuir para a superação de eventuais entraves à concretização da proteção do emprego contra a despedida arbitrária ou sem justa causa.

Assim, a questão proposta como **problema central** da pesquisa que será desenvolvida é: a interpretação dominante na jurisprudência do Tribunal Superior do Trabalho assegura efetividade à proteção contra a despedida arbitrária ou sem justa causa, na forma prevista no art. 7º, I, da Constituição Federal?

Como solução possível ou resposta prévia, o problema objeto de investigação desafia a seguinte **hipótese**: o Tribunal Superior do Trabalho tem uma visão liberal e individualista, valorizando a livre iniciativa (art. 170, *caput*, da Constituição Federal de 1988) e o poder diretivo do empregador em detrimento da função social da empresa (art. 170, III, da Constituição Federal de 1988), do direito fundamental ao pleno emprego (art. 170, VIII, da Constituição Federal de 1988) e da continuidade da respectiva relação (art. 7º, I, da Constituição Federal de 1988), restringindo a eficácia horizontal dos direitos fundamentais em seus julgados, com crise para a normatividade da Constituição.

A partir do **método** dialético, tendo em vista as divergências e as polêmicas entre os estudiosos do trabalho – enquanto fenômeno social (voltado à tutela do trabalhador) relacionado diretamente com questões econômicas (poder privado empresarial, livre iniciativa, livre concorrência, globalização dos mercados etc) – temos como **objetivo geral** investigar se a jurisprudência dominante do Tribunal Superior do Trabalho concretiza, efetivamente, a proteção da relação de emprego contra a despedida arbitrária ou sem justa causa, na forma prevista no art. 7º, I, da Constituição Federal de 1988.

A pesquisa jurisprudencial, no entanto, será feita em interlocução com a doutrina e com os normativos da OIT - Organização Internacional do Trabalho, tendo em vista que os direitos e garantias expressos na Constituição Federal de 1988 não excluem outros decorrentes do regime e dos princípios por ela adotados ou dos tratados internacionais em que a República Federativa do Brasil seja parte (art. 5º, §2º).

Com isso, e para tanto, precisamos identificar na Constituição Federal de 1988 as normas e os princípios que tutelam o direito fundamental ao trabalho, analisando a função normativa e a importância enquanto instrumento de concretização da dignidade da pessoa humana. Ainda nesse primeiro momento, devemos analisar os impactos e a conformação da política neoliberal e do fenômeno da globalização – principais obstáculos à harmonia entre os valores sociais do trabalho e da livre iniciativa – em relação ao projeto de valorização do trabalho humano traçado pelo Constituinte. Esse será o objetivo do primeiro capítulo.

Em seguida, no segundo capítulo, abordaremos especificamente a proteção da relação de emprego contra a despedida arbitrária ou sem justa causa (art. 7º, I, da Constituição Federal de 1988), a partir de uma visão crítica sobre a aplicabilidade e efetividade das normas constitucionais no contexto de mora do Poder Legislativo na regulamentação de direitos fundamentais.

Pretendemos, com isso, a resposta possível e adequada para o seguinte questionamento: o art. 7º, I, da Constituição Federal é, de fato, apenas e mais uma norma meramente programática, completamente dependente de legislação futura? Ou, sob outro enfoque, a Constituição, a partir de seus valores e princípios, em especial os da dignidade da pessoa humana e os da valorização do trabalho, pretendeu realmente assegurar ao empregador o direito potestativo de despedir sem qualquer justificativa ou motivação?

Em busca de resposta para tais questionamentos, analisaremos possíveis formas de conferir máxima efetividade ao preceito constitucional em tela, independentemente de qualquer legislação complementar, tendo como norte as diretrizes estabelecidas na própria Constituição Federal de 1988 e as teorias dos direitos fundamentais.

Investigaremos, então, o conceito de despedida arbitrária previsto no art. 165 da CLT e sua conexão com o art. 7º, I, da Constituição Federal de 1988, a aplicabilidade imediata das normas definidoras dos direitos e garantias fundamentais, a teoria de Celso Antônio Bandeira de Mello sobre aplicabilidade das normas constitucionais sobre justiça social, a teoria da eficácia horizontal dos direitos fundamentais nas relações de trabalho e o conteúdo proposto pela OIT – Organização Internacional do Trabalho na Convenção n.º 158.

Tentaremos demonstrar, a partir dessa investigação, que existem meios que permitem a materialização das promessas e compromissos constitucionais, realizando-se a almejada justiça social, independentemente de eventuais incompletudes das normas constitucionais. Afinal, os direitos sociais (notadamente os trabalhistas) não podem ser encarados como categorias meramente formais e sem significação, ou seja, como promessas demagógicas ou simples declarações de boas intenções, já que não se alcança cidadania e dignidade com simples reconhecimento abstrato de direitos.

A partir das conclusões parciais até então extraídas, buscaremos demonstrar, no terceiro capítulo, como o Poder Judiciário pode (e deve!) atuar para concretizar a garantia prevista no art. 7º, I, da Constituição Federal mesmo diante da ausência da lei complementar referida no citado dispositivo, compatibilizando e harmonizando a livre iniciativa e a propriedade privada com a necessidade de valorização do trabalho humano, de observância da função social da propriedade e da busca do pleno emprego no contexto constitucional brasileiro.

No quarto e último capítulo analisaremos crítica e cientificamente a jurisprudência do Tribunal Superior do Trabalho sobre o art. 7º, I, da Constituição Federal, tratando em separado os casos de despedidas individuais e coletivas.

Ao final, teremos condições de analisar se a hipótese inicialmente prevista pode – ou não – ser tida como correta e verdadeira após 27 anos de vigência da proposta democrática e emancipadora materializada no Texto Constitucional promulgado em 05 de outubro de 1988.

Capítulo 1

O DIREITO AO TRABALHO NA CONSTITUIÇÃO FEDERAL DE 1988

A evolução das sociedades sempre foi fortemente influenciada por fenômenos econômicos, na medida em que prevaleceu durante muito tempo a ideia de desenvolvimento como sinônimo de crescimento econômico e, portanto, intrinsecamente relacionado ao aspecto formal e meramente quantitativo de acumulação de capital, representado estatisticamente pelos índices que mensuram o PIB – Produto Interno Bruto.

A ação política do Estado, nesse contexto, sempre esteve diretamente relacionada e fortemente influenciada pelas questões do mercado. Assim foi com o mercantilismo, caracterizado pela acumulação de riquezas, consistente na supervalorização do ouro e da prata e na busca incessante do fortalecimento dos mercados internos, bem como com o liberalismo, que afastou completamente o Estado da atividade econômica, relegando-a quase que integralmente à iniciativa privada. Tendo a defesa das liberdades do cidadão (direitos fundamentais de 1ª dimensão[1]) como principal missão institucional, o Estado liberal ocupou uma posição secundária face à economia e questões sociais,

1. Correspondem os direitos individuais (direitos civis) e os políticos. São também denominados de liberdades públicas (clássicas ou negativas), na medida em que limitam a atuação estatal, impondo a sua observância e respeito a partir da não intromissão na esfera de interesses dos cidadãos, em especial no que diz respeito à vida, liberdade e propriedade.

atuando apenas nos setores que não despertavam interesse da iniciativa privada, visto que não lhes eram rentáveis.

No entanto, a Revolução Industrial alterou substancialmente a vida em sociedade, com operários vivendo e trabalhando em condições subumanas, inchando as cidades e clamando por um posicionamento positivo do Estado, no sentido de suprir as desigualdades existentes.

Esse clamor social influenciou o surgimento de um novo modelo estatal no final do século XIX, com sua consolidação no início do século XX, tendo como principal fundamento a reconciliação entre a iniciativa privada (atividade econômica) e a ação governamental, materializada na intervenção do Estado na vida econômica e social em defesa da igualdade.

Surge, então, o Estado social, cujas Constituições incorporaram a tendência de elevar os direitos econômicos e sociais (direitos fundamentais de 2ª dimensão[2]) ao maior grau da estrutura hierárquica normativa, a partir da positivação nos respectivos textos, impondo, como consequência, a atuação estatal no domínio econômico e social para o fim de assegurar prestações positivas aos cidadãos. As Constituições do México de 1917 e a de Weimar de 1919 foram as pioneiras.

Houve, em consequência, a valorização e o reconhecimento estatal do viés fundamental dos direitos econômicos e sociais, a partir, evidentemente, da ideia de unidade, harmonia e indivisibilidade dos direitos fundamentais[3], uma vez

2. Contemplam os direitos sociais, econômicos e culturais, identificando-se com as liberdades positivas, reais e concretas. Enquanto os direitos fundamentais de primeira dimensão impõem uma abstenção (obrigação de *não-fazer*) por parte do Estado, os de segunda impõem uma ação concreta, ativa, em defesa da igualdade material e do bem comum.

3. A teoria da indivisibilidade dos direitos fundamentais, conforme Ricardo Lobo Torres (2010, p. 66) "leva a que se considerem o direitos sociais como extensão dos direitos da liberdade ou como uma especial geração de direitos com as mesmas características e fundamentos dos direitos de 1ª geração (direitos individuais ou da liberdade)". Conforme Flávia Piovesan (2003, p. 37), "não basta afirmar juridicamente a liberdade. A sua concretização pressupõe a capacidade de fruí-la. O direito de livre expressão pressupõe a capacidade de exteriorização e de organização dos recursos intelectuais; o direito à inviolabilidade do domicílio pressupõe a prévia existência de uma casa, de uma moradia, de um domicílio. O direito à educação desafia a existência de determinados meios (alimentação, transporte) sem os quais, ainda que oferecida gratuitamente pelo Estado, pouco significará".

que não há liberdade sem igualdade e justiça social, nem estas sem aquela.

Essas substanciais alterações políticas e econômicas implicaram em profundas transformações da estrutura social, posto que as realidades econômica e social não podem ser vistas como fenômenos estanques e exaurientes em si mesmos, mas como realidades dotadas de um elevado grau de conexão.

Com isso, a ação do Estado deixou de ser influenciada apenas por aspectos econômicos, recebendo, a partir de então, influência das questões sociais e ambientais, o que impôs a reformulação do próprio conceito de desenvolvimento e a adoção de um novo indicador. Surgiu, então, o IDH - Índice de Desenvolvimento Humano, que utiliza como critérios os indicadores de educação (alfabetização e taxa de matrícula), longevidade (esperança de vida ao nascer) e renda (PIB per capita).

Ao conceito de desenvolvimento foi agregado, ainda, o de sustentabilidade, com o propósito de equilibrar os fenômenos sociais, econômicos e ambientais e, a partir de seus indicadores, orientar a ação do Estado e da sociedade em busca do uso racional e adequado dos recursos disponíveis para a satisfação das necessidades da presente geração, sem comprometer a capacidade das gerações futuras, proporcionando vidas longas, saudáveis e criativas. Enfim, vida digna.

Para Maria Áurea Baroni Cecato (2007, p. 366),

> a simploriedade do entendimento de que o progresso econômico deve ser o objetivo de toda sociedade, é superada pelo juízo de que o desenvolvimento não se faz sem a primazia da pessoa humana sobre a acumulação de bens, o que se apresenta como um dos esteios da definição dos direitos humanos e se projeta para a esfera do trabalho.

Desse modo, não é mais possível falar em desenvolvimento e sustentabilidade com sacrifício socioambiental. É, portanto, imprescindível a valorização e a preservação da questão econômica, como também, e concomitantemente, da social e da ambiental[4], para o sucesso de um projeto de desenvolvimento.

No que toca ao mundo do trabalho, o conceito de desenvolvimento sustentável remete necessariamente ao de cidadania e dignidade, pressupondo a centralidade da pessoa que trabalha, e não das questões econômicas. Assim, o direito ao trabalho, enquanto direito fundamental, deve ser valorizado, assegurando a inclusão dos trabalhadores na cadeia produtiva de forma duradoura, bem como o gozo efetivo dos direitos sociais. Tudo isso em prol da melhoria das condições de vida como requisito necessário para a proteção da dignidade da pessoa humana.

No particular, destaca Roberta Dantas de Mello (2013, p.137) que "o Estado e o mercado existem em função da pessoa humana, e não o contrário, já que o ser humano constitui

4. Esse entendimento já foi assimilado, inclusive, pelo Supremo Tribunal Federal, conforme o seguinte trecho da ementa do acórdão proferido na Medida Cautelar na Ação Direta de Inconstitucionalidade n.º 3540/DF, que teve como Relator o Min. Celso de Mello: "A ATIVIDADE ECONÔMICA NÃO PODE SER EXERCIDA EM DESARMONIA COM OS PRINCÍPIOS DESTINADOS A TORNAR EFETIVA A PROTEÇÃO AO MEIO AMBIENTE. - A incolumidade do meio ambiente não pode ser comprometida por interesses empresariais nem ficar dependente de motivações de índole meramente econômica, ainda mais se se tiver presente que a atividade econômica, considerada a disciplina constitucional que a rege, está subordinada, dentre outros princípios gerais, àquele que privilegia a "defesa do meio ambiente" (CF, art. 170, VI), que traduz conceito amplo e abrangente das noções de meio ambiente natural, de meio ambiente cultural, de meio ambiente artificial (espaço urbano) e de meio ambiente laboral. Doutrina. Os instrumentos jurídicos de caráter legal e de natureza constitucional objetivam viabilizar a tutela efetiva do meio ambiente, para que não se alterem as propriedades e os atributos que lhe são inerentes, o que provocaria inaceitável comprometimento da saúde, segurança, cultura, trabalho e bem-estar da população, além de causar graves danos ecológicos ao patrimônio ambiental, considerado este em seu aspecto físico ou natural. A QUESTÃO DO DESENVOLVIMENTO NACIONAL (CF, ART. 3º, II) E A NECESSIDADE DE PRESERVAÇÃO DA INTEGRIDADE DO MEIO AMBIENTE (CF, ART. 225): O PRINCÍPIO DO DESENVOLVIMENTO SUSTENTÁVEL COMO FATOR DE OBTENÇÃO DO JUSTO EQUILÍBRIO ENTRE AS EXIGÊNCIAS DA ECONOMIA E AS DA ECOLOGIA. - O princípio do desenvolvimento sustentável, além de impregnado de caráter eminentemente constitucional, encontra suporte legitimador em compromissos internacionais assumidos pelo Estado brasileiro e representa fator de obtenção do justo equilíbrio entre as exigências da economia e as da ecologia, subordinada, no entanto, a invocação desse postulado, quando ocorrente situação de conflito entre valores constitucionais relevantes, a uma condição inafastável, cuja observância não comprometa nem esvazie o conteúdo essencial de um dos mais significativos direitos fundamentais: o direito à preservação do meio ambiente, que traduz bem de uso comum da generalidade das pessoas, a ser resguardado em favor das presentes e futuras gerações".

a finalidade precípua, e não meio das atividades estatal e empresarial". Assim, "a centralidade do valor trabalho encontra-se reconhecida pela CR/88 como um dos instrumentos mais relevantes e abrangentes de afirmação do ser humano em todos os planos de sua vida".

Todavia, a lógica entre a inclusão social, trabalho e crescimento econômico, aspectos fundamentais para o desenvolvimento, tem se mostrado um tanto controvertida diante das ideias neoliberais e do fenômeno da globalização, gerando efeitos colaterais no mercado e nas relações de trabalho, em manifesto prejuízo do primado do trabalho decente[5] e, portanto, da própria dignidade da pessoa humana.

Na vigente ordem econômica mundial, regida pela globalização, em prevalecendo uma interpretação que não harmonize os interesses dos donos do capital com os dos trabalhadores, o trabalho digno e decente – enquanto direito fundamental do homem e instrumento de concretização da dignidade da pessoa humana – estará fragilizado, gerando um quadro de instabilidade social, com dispensas arbitrárias e desemprego estrutural e em massa, situação já verificada no Brasil nos últimos anos.

Ora, como a otimização dos custos da produção passou a ser a uma constante, houve o desencadeamento de um movimento de desregulamentação e precarização dos direitos sociais, tendente à exclusão social. Acirrando a competitividade entre os trabalhadores e aumentando o desemprego (que passa a ser estrutural e em massa), retoma-se – na prática – o processo de mercantilização do trabalho, há muito superado pelo Tratado de Versalhes de 1919.

5. No particular, Maria Áurea Cecato (2012, p. 40) adverte que "quando se alude ao trabalho decente, como forma de participação do trabalhador em todas as dimensões do desenvolvimento, não se refere exclusivamente às condições em que o trabalho é realizado. Deve-se entender, ao contrário, que essas condições extrapolam o ambiente laboral. Em outros termos, há que se ter, como premissa, que a dignidade do trabalho se coloca transversalmente nas condições de vida do trabalhador, posto que não existe nítida dissociação entre vida e trabalho".

Não foi sem razão, portanto, que a complexa e conflituosa relação entre capital e trabalho, marcada pela subordinação (em tese, apenas jurídica) dos trabalhadores em relação aos donos dos meios de produção, recebeu atenção especial da Assembleia Nacional Constituinte responsável pela elaboração e promulgação da Constituição Federal de 1988.

1.1. A CONSTITUIÇÃO E OS PLANOS PARA O FUTURO

A Constituição Federal de 1988 encerrou a era do regime militar no Brasil e instituiu o Estado Democrático de Direito, garantindo cidadania plena e estabilidade democrática às instituições com o fim da tortura, do autoritarismo, da arbitrariedade e da censura, marcas indeléveis do regime militar[6].

Apelidada de "constituição cidadã", instituiu um regime mais democrático, justo e humano que o anterior, constituindo-se em um importante instrumento político-jurídico voltado à harmonia e à pacificação social.

Com foco no desenvolvimento nacional, traçou planos para o futuro a partir de transformações nas estruturas sociais, tendo como pilares a liberdade, a igualdade, a dignidade da pessoa humana e o desenvolvimento nacional.

Abandonando a concepção liberal-burguesa[7] do Estado Mínimo e influenciado pelas reivindicações sociais, bem como

6. Analisando o contexto da convocação da Assembleia Constituinte, Dalmo de Abreu Dallari (2010, p. 111) destaca que "foram vitoriosos todos os que propugnavam por uma nova Constituição, legítima e democrática, para o Brasil, a fim de que se pusesse um ponto final à vigência do 'entulho autoritário', como era designada a legislação imposta pelos governos militares com o propósito de mascarar com a aparência de legalidade seus comandos arbitrários, negadores da democracia e dos direitos humanos fundamentais".

7. Conforme Antônio Herman Benjamin (2007, p. 84), "a Constituição Federal de 1988 sepultou o paradigma liberal que via (e insiste em ver) no Direito apenas um instrumento de organização da vida econômica, unicamente orientado a resguardar certas liberdades básicas e a produção econômica, assim reduzindo o Estado à acanhada tarefa de estruturar e perenizar as atividades do mercado, sob o manto de certo asseptismo social. Abandonou, pois, o enfoque convencional da Constituição condenada a se tornar 'um simples regulamento econômico-administrativo, mutável ao sabor dos interesses e conveniências dos grupos dominantes".

pelo chamado "constitucionalismo social" (inaugurado pelas Constituições do México de 1917 e de Weimar de 1919), o Constituinte de 1988 estabeleceu diversas diretrizes que deveriam ser seguidas pelo Estado e pela sociedade para a promoção dos direitos sociais, em nítida opção pelo Estado de Bem Estar Social[8], o que, segundo Eros Roberto Grau (2012, p. 46), não pode ser ignorado pelos Poderes Executivo e Legislativo, "cuja vinculação pelas definições constitucionais de caráter conformador e impositivo é óbvia".

Ainda conforme Eros Roberto Grau (2012, p. 356), a Constituição Federal de 1988 pode ser classificada como dirigente ou programática, na medida em que não se limitou a conceber o "instrumento de governo" ou o "estatuto jurídico político" destinado a enunciar competências e regular processos; mas, indo além, enunciou "diretrizes, fins e programas a serem realizados pelo Estado e pela sociedade" a partir de normas de caráter socioeconômico.

Analisando o conteúdo social da Constituição Federal de 1988 – "princípios de direitos econômicos e sociais, comportando um conjunto de disposições concernentes tanto aos direitos dos trabalhadores como à estrutura da economia e ao estatuto dos cidadãos" –, José Afonso da Silva (2007, p. 136) afirma que a Constituição Federal de 1988 é exemplo destacado de constituição dirigente, definindo "fins e programas de ação futura no sentido de uma orientação social democrática".

Gilberto Bercovici (2005, p. 33), na mesma linha, classifica a Constituição Federal de 1988 como dirigente, na medida em que positivou "tarefas e políticas a serem realizadas no domínio econômico e social para atingir certos objetivos". Para Gilberto Bercovici (2005, p. 35), esse programa para o futuro, progres-

8. Para Flávia Piovesan (2003, p. 30-31), enquanto o Estado Liberal se identificava com "a postura individualista abstrata, com o primado da liberdade, da segurança e da propriedade, complementados pela resistência à opressão", "o Estado Social, por sua própria natureza, é um Estado intervencionista, que requer sempre a presença ativa do poder político nas esferas sociais, em que cresceu a dependência do indivíduo, pela impossibilidade em que este se acha, perante fatores alheios a sua vontade, de prover certas necessidades existenciais mínimas".

sivo e dinâmico, objetiva dar força e substrato jurídico para as mudanças na estrutura econômico-social, com a superação do subdesenvolvimento.

Nesse contexto, a Constituição Federal de 1988 é, segundo Flávia Piovesan (2003, p. 49), uma Carta "direcionada ao futuro e não conformadora do status quo do presente, que busca a transformação social, em consonância com a função promocional do direito". Ainda segundo a autora, contempla um plano global normativo do Estado e da sociedade, voltado ao bem-estar social, a partir de programas, diretrizes e metas para as atividades no domínio econômico, social e cultural (2003, p. 39/40). Destacando a preocupação com a dignidade e o bem-estar da pessoa humana, Flávia Piovesan (2003, p. 41) lembra também que, em iniciativa inédita na história constitucional brasileira, a Constituição Federal de 1988, "num reconhecimento implícito dos sérios problemas que afligem a sociedade brasileira – pobreza, marginalização, desigualdades sociais e regionais, discriminação... – traça metas a serem perseguidas, objetivos fundamentais a serem alcançados".

No particular, Miguel Calmon Dantas (2009, p 03) afirma que a Constituição Federal de 1988, a partir de seu caráter dirigente, expressa "a relação de imbricação mútua entre passado e futuro, recordando a memória de um passado ditatorial para rompê-lo e intentar a realização de promessas emancipatórias, inclusivas e superadoras da Questão Social num futuro cada vez mais aguardado".

Nas palavras de André Puccinelli Júnior (2007, p. 31), a Constituição Federal de 1988 deve ser vista "não como estatuto conformador do presente, mas como diploma antecipador das mudanças orientadas por valores fundamentais, assim reconhecidos na contextura social".

De fato, o texto constitucional de 1988 estabeleceu um programa para o futuro com propósito democrático e emancipador, objetivando, em essência, a constituição de uma sociedade livre, justa e solidária (art. 3º, I); o desenvolvimento nacional (art. 3º, II); a erradicação da pobreza e a marginalização, com a redução das desigualdades sociais e regionais (art. 3º, III); e a promoção do bem de todos, sem preconceitos de origem, raça, sexo, cor, idade e quaisquer outras formas de discriminação (art. 3º, IV).

Traçou, para tanto, as linhas diretoras pelas quais tanto a sociedade como o Estado devem se pautar, sempre tendo como balizas os direitos fundamentais, a quem conferiu valorização e proteção especial, seja explicitando em seu texto um vasto rol de direitos (arts. 5º ao 17º, entre outros), estabelecendo um sistema aberto a outros direitos fundamentais (art. 5º, §2º), afirmando a aplicabilidade imediata das respectivas normas (art. 5º, §1º) ou, ainda, incluindo-os expressamente no rol das cláusulas pétreas (art. 60, §4º).

Com isso, restou delimitada (leia-se reduzida) a discricionariedade dos Poderes Públicos na atividade concretizadora da vontade da constituição, até mesmo em razão de sua força normativa. Surgiu, em consequência, o direito ao cumprimento da Constituição, contraposto ao dever jurídico do Estado de concretizá-la.

Assim, é possível afirmar que a Constituição Federal de 1988 não se enquadra no modelo de constituição "folha de papel" defendido por Ferdinand Lassalle (2014), razão pela qual não pode ser vulnerada pelos mais diversos e inconstantes fatores reais de poder. É, na verdade, um instrumento progressista e emancipador dotado de força normativa, estando, por isso, mais ajustada ao modelo concretista defendido por Konrad Hesse (1991).

1.2. A VALORIZAÇÃO DO TRABALHO HUMANO: PROPOSTA DEMOCRÁTICA E EMANCIPADORA

A Constituição Federal de 1988, rompendo com o passado autoritário e com a ordem econômica liberal, tem como objetivo a transformação da sociedade e redução progressiva da desigualdade socioeconômica existente entre seus membros a partir do respeito e da efetivação dos direitos e garantias fundamentais.

Enquanto requisito imprescindível para o desenvolvimento com liberdade e a promoção social, os direitos fundamentais foram valorizados e contemplados em suas múltiplas dimensões[9] (embora preservada a unidade, a harmonia e a indivisibilidade), tanto que José Afonso da Silva (2007, p. 151) refere-se aos "direitos fundamentais do homem-social", que compreendem, além dos direitos individuais, políticos e do direito à nacionalidade, os direitos sociais, econômicos e culturais.

Desse modo, e para que sejam alcançados os objetivos fundamentais traçados na Constituição Federal de 1988, é imprescindível a implantação de políticas públicas que harmonizem e equilibrem as questões e fenômenos sociais, econômicos e ambientais, proporcionando aos cidadãos vidas longas, saudáveis, produtivas e criativas, não sendo mais possível falar em desenvolvimento e sustentabilidade com sacrifício socioambiental.

O sucesso do programa de 1988 pressupõe, portanto, a valorização e preservação da questão econômica, como também e concomitantemente, da social e ambiental, em nítido reconhecimento de que "é o Estado que existe em função da pessoa

9. Devemos esclarecer, desde já, que a classificação dos direitos fundamentais em gerações ou dimensões decorre da cronologia com que foram constitucionalmente positivados. Assim, os direitos fundamentais podem ser de primeira, segunda ou terceira dimensão, de forma que cada dimensão sucede a anterior, mas com ela coexiste de forma harmônica, sendo, desse modo, complementares. Significa, na prática, que os direitos de segunda dimensão foram constitucionalizados posteriormente aos de primeira, ocasião em que passaram a coexistir essas duas espécies. Em seguida foram constitucionalizados os da terceira dimensão, que, juntamente com as duas anteriores, compõem a classificação adotada pela doutrina majoritária. A terceira dimensão dos direitos fundamentais é composta pelos direitos de fraternidade ou solidariedade, compreendendo o direito à paz, ao meio ambiente sadio e ecologicamente equilibrado, a uma saudável qualidade de vida, ao patrimônio comum da humanidade, ao progresso e desenvolvimento, os direitos dos consumidores, das crianças e idosos, entre outros direitos metaindividuais (difusos). Esses direitos são titularizados por pessoas indeterminadas e indetermináveis, dada a sua própria natureza. Há, desse modo, um paralelo entre as gerações de direitos fundamentais e o lema da Revolução Francesa: liberdade, igualdade e fraternidade. Os direitos de primeira dimensão equivalem aos direitos de liberdade; os de segunda, igualdade; e os de terceira, fraternidade. A doutrina constitucional já aponta para a existência de uma quarta dimensão dos direitos fundamentais, a partir das transformações decorrentes da "globalização". Paulo Bonavides (2006, p. 571), no particular, define como de quarta geração "o direito à democracia, o direito à informação e o direito ao pluralismo", que representam "o futuro da cidadania e o porvir da liberdade de todos os povos" (2006, p. 572).

humana, e não o contrário, já que o ser humano constitui a finalidade precípua, e não meio da atividade estatal", como bem ressalta Ingo Wolfgang Sarlet (2011, p. 80).

A inclusão social, nesse contexto, é meta que deve ser alcançada para a concretização da justiça social, do desenvolvimento nacional, bem como da erradicação da pobreza e da marginalização. O trabalho, por sua vez, é uma alternativa relevante, senão a principal, para viabilizar a consecução de tal meta, na medida em que proporciona, pela distribuição de renda, subsistência e dignidade ao trabalhador e sua família.

Nessa linha, Edilton Meireles (2012, p. 31) assevera que:

> inúmeros direitos fundamentais, e até a vida com dignidade, depende do trabalho, pois sem a renda que lhe é proporcionada, numa sociedade capitalista, dificilmente o indivíduo alcança satisfatoriamente a realização dos seus direitos mínimos.

Acrescenta, em outra passagem, que "o trabalho é o instrumento de mobilidade social, pois por meio dele se promove uma maior e equitativa distribuição dos bens e rendas entre as diversas classes" (2012, p. 140).

Enquanto fator de progresso social e instrumento de cidadania, Rafael da Silva Marques (2007, p. 104) lembra que o trabalho "deve ser protegido e valorizado na máxima potência, pois detém a responsabilidade de garantir uma sociedade mais justa, voltada à redução das desigualdades sociais e, por consequência, ampliando e garantindo maior dignidade a todas as pessoas".

Assim, e no que toca diretamente ao valor trabalho, a Constituição Federal de 1988, além de reconhecer expressamente o trabalho como direito fundamental do cidadão (art. 6º), estabeleceu regras, princípios e normas programáticas que devem orientar a relação entre o capital e o trabalho, visando a harmonia entre os valores sociais do trabalho e da livre iniciativa, fundamentos da República Federativa do Brasil (art. 1º).

Em relação à ordem social, a Constituição Federal de 1988 elegeu como base o primado do trabalho, além de apresentar "um amplo universo de normas que enunciam programas, tarefas, diretrizes e fins a serem perseguidos pelo Estado e pela sociedade" (PIOVESAN, 2003, p. 45).

Ao tratar da ordem econômica (art. 170), reconheceu e assegurou aos donos do capital a livre iniciativa, a propriedade privada e a livre concorrência, impondo, em contrapartida e como limites da atuação, a necessidade de valorização do trabalho humano, de observância da função social da propriedade e da busca do pleno emprego, com o fim de assegurar existência digna a todos.

José Afonso da Silva ressalta que "a Constituição de 1988 é mais incisiva no conceber a ordem econômica sujeita aos ditames da justiça social para o fim de assegurar a existência digna", acrescentando que os respectivos princípios (da ordem econômica) "possibilitam a compreensão de que o capitalismo concebido há de humanizar-se (se é que isso seja possível)" (2007, p. 141). Ainda conforme o autor, tais princípios "hão de reputar-se plenamente eficazes e diretamente aplicáveis, embora nem a doutrina nem a jurisprudência tenham percebido o seu alcance, nem lhes têm dado aplicação adequada, como princípios-condição da justiça social" (2007, p. 144), esta enquanto princípio-fim.

Cumpre destacar, por pertinente, que houve opção expressa do constituinte de 1988 pela *valorização* do trabalho humano, na medida em que a livre iniciativa "é então tomada singelamente e aquele – o trabalho humano – é consagrado como objeto a ser valorizado" (Grau, 2012, p. 198). No particular, José Afonso da Silva (2002, p. 764) destaca que, "a ordem econômica dá prioridade aos valores do trabalho humano sobre todos os demais da economia de mercado".

Em consequência, lembra Ingo Wolfgang Sarlet (2011, p. 109) "o direito ao trabalho (e a um trabalho em condições dignas!) constitui um dos principais direitos fundamentais da pessoa humana", o que, por si só, justifica a outorga de direitos fundamentais de liberdade e igualdade aos trabalhadores "com o intuito de assegurar-lhes um espaço de autonomia pessoal não mais apenas em face do Estado, mas especialmente dos assim denominados poderes sociais". Em face das opressões socioeconômicas exercidas pelos poderes sociais, notadamente em tempos de globalização, incremento "assustador dos níveis de exclusão e, para além disso, aumento do poder exercido pelas grandes corporações, internas e transnacionais (por vezes, com faturamento e patrimônio – e, portanto, poder econômico – maior que o de muitos Estados)", lembra o autor que "o Estado nunca foi (e cada vez menos o é) o único e maior inimigo das liberdades e dos direitos fundamentais em geral" (2011, p. 134).

Nessa ordem de ideias, os direitos fundamentais em geral, e o direito do trabalho no particular, não devem sucumbir frente ao poder econômico e aos interesses empresariais, já que, segundo Maurício Godinho Delgado (2006, p. 143), esse último exerce papel fundamental na promoção da cidadania, pois "é um dos principais instrumentos de exercício das denominadas ações afirmativas de combate à exclusão social, com a virtude de também incentivar o próprio crescimento da economia do País".

Enquanto objeto de compromisso constitucional, isto é, de um 'acordo' entre as partes constituintes, a *valorização* do trabalho - essencial à realização da dignidade humana - deve condicionar a ação do estado e, principalmente, da livre iniciativa no que toca a ampliação dos direitos dos trabalhadores, bem como a oferta e manutenção dos postos de emprego, na medida em que "o econômico não pode suplementar o social, até porque o estatuto de proteção dos trabalhadores é parte integrante da moderna democracia social" (MEIRELES, 2012, p. 136).

Portanto, e a partir do compromisso constitucional de valorização, não é mais possível encarar o direito ao trabalho – em todas as suas facetas e peculiaridades – como mais um mero fator de produção ou mesmo ser avaliado apenas pelo aspecto econômico, de forma que é possível afirmar que a livre iniciativa só será exercida de forma legítima se cumprir sua função social emancipadora, garantindo cidadania no emprego e efetivando os direitos sociais.

O direito ao trabalho, enquanto direito fundamental, deve assegurar estabilidade e subsistência digna ao trabalhador e à sua família, buscando sempre a melhoria de sua condição social a partir da observância e efetivação dos direitos sociais previstos no art. 7º da Constituição Federal, além de outros que decorram do regime e dos princípios por ela adotados ou dos tratados internacionais em que a República Federativa do Brasil seja parte (art. 5º, §2º).

Nessa ordem de ideias, o direito ao trabalho deve assegurar ao cidadão não apenas um posto de trabalho compatível com sua capacidade e qualificação, como também uma justa remuneração, um meio ambiente laboral sadio e equilibrado e, ainda, a permanência no emprego.

1.3. GLOBALIZAÇÃO, NEOLIBERALISMO E DESVALORIZAÇÃO DO TRABALHO HUMANO: OBSTÁCULOS AO PROGRAMA DE DESENVOLVIMENTO

Não obstante todas as promessas e previsões emancipatórias da Constituição Federal de 1988, é fato que, em pleno século XXI, apenas parcela dos trabalhadores tem acesso ao trabalho decente e digno, embora a República Federativa do Brasil seja um Estado Democrático de Direito, tenha a dignidade da pessoa humana como fundamento e objetive construir uma sociedade livre, justa e solidária, com erradicação da pobreza, redução das desigualdades sociais e promoção do bem de todos.

A competitividade dos mercados ultrapassa as fronteiras, a tecnologia se supera imprimindo um ritmo muito rápido de transformações (a vulnerabilidade) e o perecimento dos produtos marcam a sociedade de consumo na atualidade. Esses fatores exercem, indiscutivelmente, uma influência determinante nas questões econômicas, sociais e políticas, fazendo surgir um novo modelo de Estado mais ajustado às demandas do mercado global: o Estado neoliberal.

A globalização, fenômeno próprio do capitalismo contemporâneo, e a política neoliberal são as principais (embora não as únicas) causas desse quadro de descumprimento dos compromissos e deveres constitucionais, acarretando instabilidade, insegurança e exclusão social. Isso porque, como lembra Vólia Bomfim Cassar (2010, p.11), "cada dia discute-se mais o mercado que o Estado. Com isso, as políticas públicas nacionais, as questões sociais, ficam abandonadas e pioram a cada dia".

Para Everaldo Gaspar Lopes de Andrade (2005, p. 168), "a globalização econômica e a revolução desencadeada pela tecnologia da informação e da comunicação produzirão um impacto sem precedentes sobre os sistemas jurídicos tradicionais". Para o autor, quando a sociedade passa a comunicar-se – política, econômica, social, cultural e individualmente – em tempo real e em dimensão planetária, através dos modernos meios de comunicação, "os mecanismos de controle, de mediação e de resolução de conflitos tornam-se irremediavelmente superados". Isso tem gerado, ainda segundo o autor, "uma verdadeira erosão dos sistemas jurídicos-laborais baseados na supremacia da proteção do trabalhador como fundamento do trabalho humano" (2005, p. 251).

Ora, rompendo barreiras econômicas e internacionalizando os mercados, a globalização influenciou bastante a realidade socioeconômica do Brasil e do mundo, na medida em que "a apologia ideológica do mercado é produzida em função exclusivamente do interesse do investidor, que é o de baixar os custos que oneram a empresa (os salários, os tributos e os encargos sociais)" (GRAU, 2012, p. 49).

Numa prática que impõe a privatização dos lucros e a socialização dos custos (não só os econômicos e financeiros, como também e principalmente os ambientais e sociais), as relações de trabalho são de logo ameaçadas diante de qualquer especulação ou indício de crise financeira, gerando um quadro tormentoso de insegurança jurídica e social para os trabalhadores, em descompasso com as normas e princípios constitucionais que pregam o pleno emprego e a necessidade de valorização do trabalho humano.

A desregulamentação e a competitividade acirrada no mercado global demandam a reorganização e a especialização da produção, com a otimização (leia-se redução) dos custos, sempre em detrimento do primado do trabalho decente e digno, o que tem originado e incentivado fenômenos que precarizam direitos trabalhistas e geram o desemprego estrutural e em massa, tais como a terceirização da mão de obra, a flexibilização e a parassubordinação.

O curioso é que, conforme Vólia Bomfim Cassar (2010, p. 23), a terceirização "não conduziu à melhoria da situação econômica do país, ao contrário, pulverizou os trabalhadores em sociedades empresárias diferentes e em categorias sindicais diversas". Por outro lado, e ainda segundo a autora, "a diminuição de alguns direitos trabalhistas não aumentou os níveis de emprego ou possibilitou maior concorrência com o mercado internacional", numa clara demonstração de que tais fenômenos comprometem o projeto de desenvolvimento traçado na Constituição Federal de 1988.

Além disso, e diante da fácil mobilidade no globo terrestre, muitas empresas mudam de países ou instalam fábricas e unidades produtivas onde a legislação social é frágil ou incipiente, sempre em busca da redução dos custos de produção (com o pagamento de menores salários e encargos sociais) e de melhores condições de competitividade no mercado internacional.

No particular, Vólia Bomfim Cassar (2010, p. 8) destaca que:

> a globalização se apresenta como um processo de aceleração da economia, prestigiando os países capitalistas, em que o produtor compra matéria-prima em qualquer lugar do mundo, buscando melhores preços, qualidade e condições de pagamento. Desta forma, compra ou instala suas fábricas em países cujo custo da mão de obra é barata e, a partir daí vende sua mercadoria, em melhores condições de competição, para o mundo inteiro.

E mais, ainda segundo a autora, "reduzir gastos públicos, diminuir salários, suprimir vantagens sociais, desregulamentar e cortar despesas com assistência social têm sido as medidas utilizadas por alguns países para oferecer vantagens e atrair empreendedores contratantes" (2010, p. 8).

Esse fenômeno, conforme Ricardo Luis Lorenzetti (2010, p. 65), "induz fortes pressões sobre sistemas jurídicos nacionais, que começam a competir para atrair as empresas", gerando o que o autor chamou de "mercados de concorrência legislativa". Com isso, "as empresas tendem a maximizar seus benefícios, e mudam-se para onde os custos sejam mais baixos". Assim, "os países concorrem entre si para ver quem tem a legislação mais atraente com o objetivo de oferecer uma solução para seus problemas de desenvolvimento e desemprego".

Enfim, estimula-se a precarização dos direitos trabalhistas e a degradação do ambiente de trabalho não só dos países de legislação social frágil quanto daqueles cuja legislação já está sedimentada, os quais também passam a adotar medidas precarizantes em busca da competitividade de produtos, sob a alegação de que o *custo trabalhista* representa um entrave à lucratividade.

Como consequência desse processo precarizante, alerta Ingo Wolfgang Sarlet (2011, p. 109) que as relações entre capital e trabalho em expressiva parte dos Estados que integram a comunidade internacional já é caracterizada por um alto grau de opressão e degradação, resultando em condições de vida e trabalho manifestamente indignas.

O intrigante é que os países em desenvolvimento estimulam e fomentam a atividade empresarial a partir de deliberada oneração e restrição dos direitos fundamentais. Assim, essa "*concorrência legislativa*" tem gerado um quadro de diminuição no nível e intensidade das exigências e regulações jurídicas, acarretando o desmantelamento dos direitos mínimos dos cidadãos, na medida em que os danos (ao meio ambiente, ao consumidor, aos trabalhadores, etc) terminam sendo atribuídos à sociedade. Com isso, os custos são socializados, enquanto os lucros, privatizados.

No entanto, Ricardo Luis Lorenzetti (2010, p. 66) alerta que "os países que observam a fuga de suas indústrias começam a exigir dos demais que atendam a um padrão mínimo com relação aos direitos fundamentais e garantias". Tanto é assim que, conforme Arnaldo Sussekind, Délio Maranhão e Segradas Viana (2003, p. 201), a Organização Internacional do Trabalho já propôs à Organização Mundial do Comércio – embora sem êxito – "a introdução de cláusulas sociais nos tratados e contratos de comércio, visando a condicionar a execução destes instrumentos à manutenção de sistemas mínimos de proteção social por parte dos países exportadores".

Por outro lado, a dinâmica de acumulação do capital proporcionada pela globalização acarretou, ainda, profundas alterações na geopolítica da luta de classes a partir do enfraquecimento dos sindicatos[10], aumentando ainda mais o conflito entre as regras do mercado globalizado e os direitos fundamentais dos trabalhadores, de forma que o que é efetivado pelos Estados e sociedades no mundo dos fatos e conforme a realidade socioeconômica diverge, em regra, das disposições dos respectivos textos constitucionais.

No particular, Noemia Porto (2013, p. 160) destaca que a precarização da rede de proteção social "atinge o preceito da liberdade, na medida em que, dispersos, perdem a força própria às reivindicações coletivas e, individualmente, ficam compelidos à aceitação de qualquer ocupação no mercado de trabalho".

Conforme Pedro Paulo Teixeira Manus (1996, p. 42), "a posição extremada do individualismo levou-nos a situações muito injustas, chegando até a crueldade. Em nome da liberdade e autonomia da vontade estimulamos o desemprego, a miséria e a fome".

---

10. Segundo David Harvey (2006b, p. 216), "o ponto de partida tradicional para a luta de classes foi um espaço específico - a fábrica -, sendo a partir dela que a organização de classe construída através de movimentos sindicais, partidos políticos etc. No entanto, o que acontece quando desaparecem as fábricas, ou elas ficam tão móveis, que tornam a organização permanente muito difícil, quando não impossível? E o que acontece quando a maior parte da força de trabalho se torna temporária ou ocasional? Sob tais condições, a organização laboral pela via tradicional perde sua base geográfica, e seu poder diminui de modo correspondente. Então, modelos alternativos de organização precisam ser criados".

Isso tudo – praticado a partir de uma falsa ou dissimulada compreensão de livre iniciativa, poder diretivo do empregador e direito potestativo de extinguir o contrato (aquela assegurada pela Constituição Federal, estes pela legislação infraconstitucional) – tem gerado um quadro de desintegração social, com a exclusão dos trabalhadores do mercado formal de trabalho e o enfraquecimento do respectivo poder de barganha.

É possível afirmar, então, que a globalização, enquanto processo de integração econômica, social, cultural e política entre países, gera efeitos nefastos no mercado e nas relações de trabalho que não podem ser ignorados, sendo, pois, fundamental a cooperação entre os Estados e a sociedade na busca pela implementação do trabalho decente e digno em um ambiente ecologicamente equilibrado.

Ingo Wolfgang Sarlet (2011, p. 172-173), a partir das ideias de Paulo Bonavides, chama atenção para a necessidade de globalização da dignidade e dos direitos fundamentais, "sem a qual, em verdade, o que teremos cada vez mais é a existência de alguns 'homens globalizantes' e uma multidão de 'homens globalizados'", com a transformação de Estados democráticos de direito em verdadeiros "estados neocoloniais".

A política neoliberal, por outro lado, também contribuiu para a esse quadro de desvalorização do trabalho humano, a partir da política de redução das despesas públicas, das privatizações, das parcas e incipientes intervenções em questões sociais e, ainda, da abertura do mercado ao capital internacional, com o retorno do modelo econômico focado na exportação de recursos naturais[11].

Conforme Paulo Bonavides (2006, p. 571), o neoliberalismo, ao afrouxar os laços de soberania e doutrinar uma falsa despo-

11. Tudo isso sem falar da ineficiência e burocracia da máquina estatal, que em boa parte contribuem para a instalação de grandes esquemas de corrupção, a exemplo do que motivou o *impeachment* do Presidente Fernando Collor, do que ficou conhecido como "privataria tucana" no Governo Fernando Henrique Cardoso e do mensalão no Governo Lula (objeto da Ação Penal n.º 470 no Supremo Tribunal Federal).

litização da sociedade, "cria, porém, mas problemas do que os intenta resolver. Sua filosofia do poder é negativa e se move, de certa maneira, rumo à dissolução do Estado nacional".

No particular, deve ser ressaltado que a política neoliberal é manifestamente incompatível[12] com o programa para o futuro – democrático e emancipador – estabelecido na Constituição Federal de 1988[13]. Este, "enquanto fruto de uma decisão política, é antes de tudo, um projeto, cuja função ou objetivo é modificar e alterar, de forma perene, o status quo existente, seja através de sua implantação imediata, seja através de sua natural progressividade" (MEIRELES, 2012, p. 136).

Assim, não há como manter ou implantar novas práticas neoliberais sem incorrer em situação de inconstitucionalidade, institucional[14] e/ou normativa. Conforme Eros Roberto Grau (2012, p. 46), "os programas de governo deste e daquele Presidente da República é que devem ser adaptados à Constituição, e não o inverso", de forma que "a substituição do modelo de economia de bem-estar, consagrado na Constituição de 1988, por outro, neoliberal, não poderá ser efetivada sem prévia alteração dos preceitos contidos nos seus arts. 1º, 3º e 170".

Não obstante tudo isso, Flávia Piovesan (2003, p. 51) destaca que "o desmantelamento das molduras constitucionais do modelo de Estado consagrado pela Carta de 1988 faz-se claro quando do exame das emendas promulgadas" a partir de 1995, em grande parte inspiradas em ideias neoliberais (a exemplo das de n.º 6/1995, 7/1995, 8/1995, 9/1995, 19/1998 e 20/1998),

12. Eros Roberto Grau (2012, p. 55), no particular, acrescenta que "há marcante contradição entre o neoliberalismo – que exclui, marginaliza – e a democracia, que supõe o acesso de um número cada vez maior de cidadãos aos bens sociais. Por isso dizemos que a racionalidade econômica do neoliberalismo já elegeu seu principal inimigo: o Estado Democrático de Direito".

13. Não obstante, as ideias neoliberais constituíram a base dos Governos de Fernando Collor e Fernando Henrique Cardoso, sendo assimiladas, em boa medida, pelo Governo Lula e Dilma.

14. Em razão da gravidade das condutas e atos institucionais que violam a imperatividade das normas constitucionais, o art. 85 da Constituição Federal de 1988 definiu como crime de responsabilidade os atos do Presidente da República que atentem contra a Constituição Federal e, em especial, contra o exercício dos direitos políticos, individuais e sociais, entre outros valores.

"com a corrosiva descaracterização da Carta de 1988". E concluiu em seguida: "este excessivo ímpeto de reforma da Constituição tem esvaziado e mitigado a força normativa da Carta de 1988, em particular no que tange aos direitos sociais".

Conforme José Afonso da Silva (2007, p. 146), o liberalismo, resguardando-se das ideias socializantes, vai retalhando a Constituição Federal de 1988 "por via de emendas, no afã de reduzi-la a uma expressão formal do neoliberalismo, que desfigura suas conquistas sociais".

Essa indevida e impertinente mercantilização da política constitucional tem gerado, na visão de Miguel Calmon Dantas (2009, p. 01) um quadro de:

> fraturas nos vínculos sociais, de debilidade dos laços de solidariedade, de frustração de um imaginário que seja comumente compartilhado, de descrença do político e de apoderação e captura do processo político-decisório pelas instâncias econômicas.

É possível, pois, inferir que o neoliberalismo e a globalização estão na contramão do desenvolvimento sustentável, na medida em que não harmonizam os direitos sociais dos trabalhadores com o crescimento econômico. Ao contrário, precarizam os primeiros em busca do incremento do lucro e da acumulação de capital.

Exigências de maior produtividade e eficiência econômica estão interferindo na configuração contemporânea do mercado de trabalho, caracterizado atualmente por um significativo processo de desregulamentação e flexibilização dos direitos trabalhistas, com a propagação da ideia de que a nova ordem econômica mundial exige adequação das normas trabalhistas.

O trabalho digno e decente, enquanto direito fundamental do homem e instrumento de concretização da dignidade da pessoa humana, fragiliza-se, gerando um quadro de instabilidade social e demandando a adoção de políticas públicas responsáveis e efetivas, que garantam a inclusão social e a compatibilização dos interesses do capital e do trabalho, de forma que a livre iniciativa, a propriedade privada e a livre concorrência valorizem o trabalho humano, a função social da propriedade, o pleno emprego e o trabalho digno e duradouro, responsável pela integração do trabalhador ao mercado de trabalho.

A sociedade atual vive, portanto, um dilema que precisa ser equacionado com base nos direitos fundamentais: assegurar a livre iniciativa, a propriedade privada e a livre concorrência, reconhecendo, em contrapartida, a necessidade de valorização do trabalho humano, de observância da função social da propriedade e da busca do pleno emprego, com o fim de assegurar a todos existência digna.

Para Everaldo Gaspar Lopes de Andrade (2005, p. 272)

> torna-se imprescindível desencadear um movimento, também de caráter universal, em defesa dos direitos humanos, bem como uma versão político-institucional sincronizada com os novos valores culturais, para atuar dentro desse mesmo espaço, a fim de produzir o desmascaramento dos símbolos, ritos, liturgias e dominações instituídos pelos novos poderes supra-nacionais.

Urge, pois, o reconhecimento do primado do trabalho decente, assegurando a subsistência digna ao trabalhador e à sua família, em prol da melhoria de sua condição social, o que pressupõe a observância e efetivação dos direitos sociais.

O Estado e a sociedade, no particular, devem se unir para superar entraves e obstáculos socioeconômicos, harmonizando os valores sociais do trabalho e da livre iniciativa, garantindo o primado do trabalho decente e assegurando subsistência digna ao trabalhador e à sua família, em prol da melhoria de sua condição social, o que pressupõe a observância e efetivação dos direitos fundamentais, em especial do direito ao trabalho.

Portanto, cabe a todos os Poderes do Estado (eficácia vertical) e à sociedade (eficácia horizontal) o dever e a obrigação de harmonizar os interesses e pretensões dos donos do capital e dos meios de produção com os dos trabalhadores, sem que haja a supremacia de um sobre o outro.

1.4. O DIREITO AO TRABALHO NO BRASIL: PROMESSA DE VALORIZAÇÃO NÃO CUMPRIDA

Passados mais de 30 anos da promulgação da Constituição Federal de 1988 é possível afirmar que foram poucas e tímidas as medidas adotadas em prol da valorização do trabalho humano e da efetiva inclusão do trabalhador na cadeia produtiva de maneira contínua e duradoura (evitando a rotatividade excessiva de mão de obra).

Os principais avanços foram: a) Lei n.º 9.020/95, que proibiu a exigência de atestados de gravidez e esterilização, e outras práticas discriminatórias, para efeitos admissionais ou de permanência da relação jurídica de trabalho; b) Emenda Constitucional n.º 45/2004, que, conforme Guilherme Guimarães Feliciano (2005), "devolveu as questões do trabalho a uma classe de magistrados historicamente comprometida com a Justiça social e a valorização da pessoa humana"; c) Lei nº 12.440/2011, que instituiu e regulamentou a Certidão Negativa de Débitos Trabalhistas - CNDT, documento indispensável à participação em licitações públicas; d) Lei n.º 12.506/2011, que regulamentou o aviso prévio proporcional ao tempo de serviço; e) Lei n.º 12.551/2011, que alterou o art. 6º da CLT para o fim de equiparar os efeitos jurídicos da subordinação exercida por meios telemáticos e informatizados à exercida por meios pessoais e diretos; f) a Emenda Constitucional n.º 72/2013, que estabeleceu a igualdade de direitos entre os trabalhadores domésticos e os demais trabalhadores urbanos e rurais.

Muitas, no entanto, foram as medidas em prol da flexibilização e precarização das relações de trabalho, a partir de novas formas de contratação, remuneração ou fixação da jornada de trabalho. As principais medidas precarizantes foram: a) Leis n.º 8.031/90 e 9.491/97, que trataram do Programa Nacional de Desestatização – PND; b) Lei n.º 9.601/1998, que dispõe sobre o contrato de trabalho por prazo determinado em qualquer atividade desenvolvida pela empresa ou estabelecimento; c) Emenda Constitucional n.º 28/2000, que instituiu a prescrição quinquenal para os trabalhadores rurais; d) Lei n.º 9.958/2000, que instituiu e regulamentou as Comissões de Conciliação Prévia, com poder de mediar acordos extrajudiciais e conferir-lhes efeito liberatório geral das obrigações trabalhistas; e) Lei n.º 10.243/2001, que alterou a redação do art. 457, §2º, da CLT para retira a natureza salarial de diversas utilidades concedidas pelo empregador ao empregado; f) Medida Provisória nº 2.164-41/2001, que instituiu e regulamentou o trabalho em regime de tempo parcial e a suspensão do contrato de emprego para fins de qualificação do empregado; g) Emenda Constitucional n.º 45/2004, que passou a exigir o "comum acordo" das partes para o ajuizamento de dissídio coletivo; h) Lei n.º 11.101/2005, que limitou o privilégio do crédito trabalhista a 150 (cento e cinquenta) salários-mínimos por credor na falência; i) ratificação e denúncia da Convenção n.º 158 da Organização Internacional do Trabalho; j) Medida Provisória nº 680/2015, que dispõe sobre o Programa de Proteção ao Emprego mediante a redução da jornada e do salário em até 30%, reproduzindo, em boa medida, a política instituída pelo regime militar através da Lei n.º 4.923/1965; k) a Reforma Trabalhista, materializada pela Lei n.º 13.467/2017; e l) a Declaração de Direitos de Liberdade Econômica, objeto da Lei n.º 13.874/2019.

Em paralelo a essas medidas legislativas de natureza precarizante, houve a proliferação da terceirização em diversos segmentos empresariais, inclusive na atividade-fim das empresas, atualmente com a chancela da Lei n.º 13.467/2017 e do Supremo Tribunal Federal (conforme precedente firmado quando do julgamento da ADPF n.º 324 e do Recurso Extraordinário n.º 958.252). Houve, também por outro lado, o aumento das fraudes nas contratações de estagiários, falsas cooperativas de trabalho (Lei n.º 8.949/1994) e de empregados por intermédio de pessoas jurídicas ("pejotização").

Para Ricardo Antunes (2013, p. 158), a nova divisão internacional do trabalho e as formulações definidas pelo Consenso de Washington desencadearam uma enorme onda de desregulamentações nas mais distintas esferas do mundo do trabalho. E, num típico processo tendencial de precarização estrutural do trabalho, "os capitais estão exigindo também o desmonte da legislação social protetora do trabalho" (2013, p. 164).

Conforme Roberta Dantas de Mello (2013, p. 138):

> as repercussões no mundo do trabalho das transformações tecnológicas, organizacionais e mercadológicas ocorridas a partir da década de 1970 foram manipuladas pela exacerbação e generalização do pensamento ultraliberal (nos planos social, econômico, político e cultural), de modo que deram origem a visões pessimistas sobre o trabalho e o emprego, contribuindo para o seu próprio desprestígio no contexto do globalismo.

Para Maurício Godinho Delgado (2006, p. 149) houve uma "iniludível tentativa de desconstrução cultural do primado do trabalho e do emprego no sistema capitalista", com a redução do valor trabalho a um critério meramente utilitarista e o desemprego conjuntural.

Na mesma linha, Gabriela Neves Delgado (2013, p. 250) assevera que "ao final do século XX e início do XXI, o trabalho tente a ser incorporado ao mercado como valor estritamente utilitário", de forma que "o obreiro recorrentemente é visto como mero instrumento de trabalho de uma relação contratualizada".

Giovanni Alves (2013, p. 145), por sua vez, destaca que "a reestruturação produtiva com precarização do trabalho significou a passagem para um novo padrão de exploração da força de trabalho baseado no trabalho flexível", comprometendo não apenas a condição salarial, como também a vida pessoal e a saúde do trabalhador.

Houve, com isso, o comprometimento da própria cidadania, numa vulneração dos direitos fundamentais, notadamente os sociais, com a consolidação de um quadro de insegurança no emprego, tornando o trabalhador algo descartável.

No particular, Noemia Porto (2013, p. 128) destaca que formas precarizadas de organização da força de trabalho estão invadindo o cotidiano laboral, redundando na diminuição de direitos trabalhistas e agravando os índices de distribuição de renda no Brasil. Ilustrando sua afirmação, a autora destaca que:

> Os terceirizados, por exemplo, têm dificuldade de acesso aos mesmos benefícios, normalmente mais vantajosos, dos em-

> pregados pertencentes à categoria vinculada ao tomador final dos serviços. Os parceiros em geral, que, na verdade, eram trabalhadores que deveriam ser contratados de modo efetivo, mas que hoje prestam seus serviços a partir das mais variadas formas: pessoas jurídicas, firmas individuais; cooperativas; prestador autônomo; consultor etc., não são beneficiados pelos direitos básicos referidos no art. 7º da Constituição de 1988.

Para Lívia Mendes Moreira Miraglia (2013, p. 45), "vivencia-se uma época de 'desvalorização do trabalho' e, consequentemente, do obreiro", o que tem intensificado as assimetrias e o déficit social, a partir do aumento do "número de pessoas que trabalham informalmente no terceiro setor da economia, de trabalhadores terceirizados, autônomos, subempregados e, até mesmo, de trabalhadores submetidos a condições análogas a de escravo".

Analisando esse contexto, Roberta Dantas de Mello (2013, p. 140) assevera que as medidas direcionadas à desmercantilização da força de trabalho previstas na Constituição Federal de 1988 não só enfrentaram dificuldades para a sua concretização, como também sofreram desvirtuamento do seu propósito, razão pela qual ganhou fôlego o processo de remercantilização e incremento da assimetria entre o capital e o trabalho. Como consequência do descomprometimento social dos empresários e do Estado, o valor trabalho foi agredido frontalmente de modo a desprestigiar e, até mesmo, aniquilar as proteções trabalhistas constitucionais e infraconstitucionais.

Para Cláudio Pedrosa Nunes (2009, p. 91), o contrato de trabalho na atualidade retrocede às suas origens civilistas, transformando-se "em objeto de disputa livre, talvez até olvidando algumas proibições que se verificavam em sua estrutura legal tradicional (trabalho do menor, trabalho insalubre, perigoso, penoso, etc.)".

Desse modo, é possível afirmar que a promessa de valorização do trabalho humano não foi cumprida, de maneira que muitos direitos trabalhistas permanecem sendo interpretados como promessas normativas, sem qualquer concretização.

No que toca ao objeto do presente estudo, Augusto César Leite de Carvalho (2013, p. 174) destaca que o art. 7º, I, da Constituição Federal "protege o trabalhador da despedida arbitrária ou sem justa causa, mas não a proíbe verdadeiramente", já que os empresários podem, na prática, dispensar os empregados mediante o pagamento de uma "indenização que não tem efeito predominantemente inibitório, apresentando-se em rigor como um mero custo trabalhista".

Márcio Túlio Viana (2007, p. 236), por sua vez, defende que:

> Desde que as dispensas se tornaram legalmente mais fáceis, economicamente menos custosas e estrategicamente interessantes, o empregador se tornou - para citar VILHENA - "o detentor do contrato". Embora menos visíveis - ou talvez também por isso - as relações de poder foram se fazendo cada vez mais assimétricas. E o fenômeno se agravou com a crise do emprego.

Isso é comprovado pelos dados registrados no Cadastro Geral de Empregados e Desempregados – CAGED[15], nos quais é possível constatar o elevado número de dispensas e, principalmente, identificar que mais de 95% delas são pela modalidade sem justa causa:

CAGED ESTABELECIMENTO

Desligamentos por Tipo de Movimento - 13 Meses

Total Brasil										
Mês/Ano	Dispensados	Disp. Com Justa Causa	Disp. Sem Justa Causa	Espontâneos	Fim Contr. Prazo Det.	Término Contrato	Aposentados	Mortos	Transf. Saída	Total
12/14	960.985	31.983	929.002	406.744	52.871	306.706	862	4.236	0	1.732.404
01/15	929.937	36.618	893.319	493.013	28.041	224.859	870	5.148	0	1.681.868
02/15	980.321	31.873	948.448	444.920	27.073	191.675	965	4.164	0	1.649.118
03/15	992.261	35.918	956.343	462.847	30.323	209.091	951	4.464	0	1.699.937
04/15	942.973	33.450	909.523	409.414	30.961	236.581	1.086	4.494	0	1.625.509
05/15	957.584	32.941	924.643	366.076	30.786	220.198	999	4.601	0	1.580.244
06/15	973.461	31.089	942.372	353.849	29.836	201.939	846	4.603	0	1.564.534
07/15	975.772	30.641	945.131	348.436	31.722	193.900	746	4.722	0	1.555.298
08/15	908.728	29.011	879.717	326.861	31.208	206.774	739	4.576	0	1.478.886
09/15	891.265	26.666	864.599	306.246	31.571	187.961	808	4.486	0	1.422.337
10/15	895.130	25.657	869.473	286.953	30.356	189.012	713	4.421	0	1.406.585
11/15	844.170	24.723	819.447	257.526	26.998	176.042	666	4.306	0	1.309.708
12/15	908.938	23.362	885.576	272.608	51.688	274.758	957	4.290	0	1.513.239

15. Dados estatísticos disponíveis no *site* do Ministério do Trabalho e Emprego. Disponível em: <http://bi.mte.gov.br/cagedestabelecimento/pages/resultado.xhtml> Acesso em 29.1.2019.

É preciso destacar, nesse particular, que os dados acima são os oficiais, não contemplando, portanto, as despedidas realizadas no âmbito do mercado informal.

Assim, e diante do elevado número de despedidas sem justa causa, é possível inferir que não há uma efetiva proteção da relação de emprego contra a despedida arbitrária ou sem justa causa, na forma prevista no art. 7º, I, da Constituição Federal de 1988.

O pior disso tudo é que a despedida do trabalhador não gera apenas a perda do emprego em razão do fim de uma relação contratual. É, na verdade, a perda da principal - e muitas vezes a única - fonte ordinária de renda do trabalhador, com a qual provê a subsistência própria e de sua família.

No particular, Maria Áurea Baroni Cecato (2005, p. 417) adverte que "na ausência de trabalho não há que se falar em dignidade, porque a privação do ganho salarial tem reflexo direto e decisivo nas condições materiais indispensáveis a uma vida digna".

Márcio Túlio Viana (2007, p. 235), no mesmo sentido, destaca que o desemprego é um dos piores riscos a que se submete o trabalhador, uma vez que, "além de tirar o pão da família operária, ele inviabiliza sonhos, suprime identidades, produz doenças e reduz a auto-estima".

Cláudio Pedrosa Nunes (2009, p. 93), por sua vez, sustenta que

> a despedida injusta é algo que, direta ou indiretamente, macula a dignidade da pessoa humana enquanto trabalhador. Sua repercussão negativa é de tamanha intensidade que atormenta até mesmo o empresário, além de toda comunidade. Por isso mesmo é que, idealizando uma medida em termos de custo-benefício, a despedida injusta é mais danosa que benéfica.

Desse modo, os efeitos colaterais da despedida atingem tanto o trabalhador quanto sua família e a própria sociedade.

Compromete, muitas vezes, a própria higidez mental daquele, refletindo, ainda, no aumento da degradação social e na marginalização. É, pois, tema que merece atenção especial dos juristas.

Capítulo 2

A PROTEÇÃO CONTRA DESPEDIDA ARBITRÁRIA OU SEM JUSTA CAUSA NO BRASIL

Sendo ínsitos à subsistência digna do homem, os direitos fundamentais possuem força normativa própria, expressando obrigações e deveres que devem ser efetivamente concretizados pelo Estado e pela sociedade, já que a dignidade humana não se satisfaz com o mero reconhecimento abstrato de direitos.

Em consequência, os direitos fundamentais dos trabalhadores não podem ser objeto de precarização, mas, na verdade, de valorização (por expressa previsão constitucional – art. 170), como forma de assegurar a dignidade da pessoa humana e evitar o retrocesso social. A defesa do pleno emprego deve ser uma constante, a partir da efetiva inclusão do trabalhador na cadeia produtiva de maneira contínua e duradoura (evitando a rotatividade excessiva de mão de obra).

Tanto é assim que, para Gabriela Neves Delgado (2013, p. 256), o direito fundamental ao trabalho digno afirma-se "como um dos mais importantes comandos da Constituição Federal de 1988, expressando a força teórica e prática de sua concepção de Estado Democrático de Direito".

No entanto, e a partir do que foi exposto, é possível afirmar que o contexto socioeconômico que se apresenta é de limitação e restrição do direito fundamental ao trabalho, em especial ao pleno emprego (art. 170, VIII), o que não se amolda, em definitivo, ao programa para o futuro – democrático e emancipador – estabelecido na Constituição Federal de 1988.

Por outro lado, muitos direitos fundamentais reconhecidos na Constituição Federal de 1988 ainda carecem de regulamentação, com destaque para os direitos sociais, econômicos e culturais, que demandam, em regra, uma prestação positiva do Estado ou do particular.

Para Maria Áurea Baroni Cecato (2007, p. 366), a ausência de regulamentação, de direitos fundamentais, como a proteção em face da automação (art. 7º, XXVI) e a garantia contra a dispensa arbitrária e sem justa causa (art. 7º, I), "denota a tibieza do Estado e a supremacia do poder econômico e empresarial".

Em relação ao objeto da pesquisa – a proteção da relação de emprego contra a despedida arbitrária ou sem justa causa, prevista no art. 7º, I, da Constituição Federal – o entendimento dominante na doutrina e na jurisprudência é no sentido de que a norma em questão – a depender do critério de classificação adotado – é de eficácia limitada (do tipo programática) ou não autoexecutável[1], estando a proteção restrita à indenização

1. Conforme José Afonso da Silva, "Cooley conceitua-as do seguinte modo: 'Pode-se dizer que uma norma constitucional é auto-executável, quando nos fornece uma regra, mediante a qual se possa fruir e resguardar o direito outorgado, ou executar o dever imposto; e que não é auto-aplicável, quando meramente indica princípios, sem estabelecer normas por cujo meio se logre dar a esses princípios vigor de lei'. Ruy Barbosa, fundado nos autores e na jurisprudência norte-americanos, difundiu a doutrina entre nós, e conceitua as normas auto-executáveis como sendo 'as determinações, para executar as quais não haja mister de constituir ou designar uma autoridade, nem criar ou indicar um processo especial, e aquelas onde o direito instituído se ache armado por si mesmo, pela sua própria natureza, dos seus meios de execução e preservação'. Não auto-executáveis são as que 'não revestem dos meios de ação essenciais ao seu exercício os direitos, que outorgam, ou os encargos, que impõe: estabelecem competências, atribuições, poderes, cujo uso tem de aguardar que a Legislatura, segundo o seu critério, os habilite a se exercerem" (2007, p. 74). Entretanto, considerando que a teoria clássica norte-americana não correspondia às necessidades práticas de aplicação das constituições contemporâneas, José Afonso da Silva apresentou o que chamou de uma classificação mais aproximada da realidade constitucional de nossos dias, a partir da reelaboração daquela, separando as normas constitucionais em: I- normas de eficácia plena, II - normas de eficácia contida e III - normas de eficácia limitada. "Na primeira categoria incluem-se todas as normas que, desde a entrada em vigor da constituição, produzem todos os seus efeitos essenciais (ou têm

(multa rescisória) equivalente a 40% dos depósitos do FGTS, na forma do art. 10, I, do ADCT.

Nesse sentido, José Augusto Rodrigues Pinto (2003, p. 514) defende a possibilidade de qualquer das partes do contrato de emprego (empregado e empregador) pleitear a resilição do contrato, haja vista o direito-poder de denúncia que, na sua visão, dá ilimitada potestade ao contratante para extinguir o vínculo, seja ele empregado ou empregador.

Para Pedro Paulo Teixeira Manus (1996, p. 56), "após a vigência do art. 7º da Constituição Federal e sem a lei complementar a que se refere, temos por ora equiparadas, quanto aos seus efeitos, a dispensa sem justa causa e a dispensa arbitrária, ensejando ambas a multa do FGTS".

Alice Monteiro de Barros (2005, p. 920), por sua vez, vai além e sustenta que o dispositivo constitucional não é autoaplicável e que falta vontade política para a edição da legislação complementar integradora. Assevera, ainda e textualmente, que "o trabalhador de empresa privada não é destinatário de tutela quanto à ocupação, sendo a dispensa um direito potestativo do empregador".

Há, ainda, quem defenda que o art. 7º, I, da Constituição Federal de 1988, na verdade, enfraqueceu o conteúdo normativo do princípio da continuidade da relação de emprego, permitindo a dispensa arbitrária ou sem justa causa pelo empregador, desde que mediante pagamento da correspondente indenização compensatória[2].

---

a possibilidade de produzi-los), todos os objetivos visados pelo legislador constituinte, porque este criou, desde logo, uma normatividade para isso suficiente, incidindo direta e imediatamente sobre a matéria que lhes constitui objeto. O segundo grupo também se constitui de normas que incidem imediatamente e produzem (ou podem produzir) todos os efeitos queridos, mas preveem meios ou conceitos que permitem manter sua eficácia contida em certos limites, dadas certas circunstâncias. Ao contrário, as normas do terceiro grupo são todas as que não produzem, com a simples entrada em vigor, todos os seus efeitos essenciais, porque o legislador constituinte, por qualquer motivo, não estabeleceu, sobre a matéria, uma normatividade para isso bastante, deixando essa tarefa ao legislador ordinário ou a outro órgão do Estado" (2007, p. 82-83).

2. Esse foi, inclusive, um dos fundamentos invocados pela Confederação Nacional da Indústria – CNI e Confederação Nacional do Transporte – CNT na Ação Direta de Incons-

Renato Saraiva (2009, p. 143), adepto dessa corrente, afirma que até que a Lei Complementar regulamente a indenização compensatória em caso de dispensa arbitrária ou imotivada pelo empregador, será paga ao obreiro a multa de 40% dos depósitos do FGTS.

Analisando os desafios do constitucionalismo em busca da concretização dos direitos fundamentais trabalhistas, Maíra Neiva Gomes e Cynthia Lessa Costa (2013, p. 265) ponderam que o art. 7º, I, da Constituição Federal de 1988 permite pelo menos duas possibilidades de interpretação. A primeira, no sentido de que todos os trabalhadores já têm desde 1988 o direito em tela e que as formas de indenização e a sanção, por ocasião de violação daquele, serão previstas em lei complementar. A segunda, no sentido de que tal norma não possui qualquer eficácia enquanto não for aprovada a lei complementar mencionada. No entanto, e ainda conforme as autoras:

> Tristemente, a segunda é a que prevalece, já que se concebe a dispensa imotivada como direito potestativo do empregador, sendo a multa prevista no art. 18 da Lei n. 8.036/90 – 40% do saldo do FGTS – uma indenização irrisória ao exercício de tal suposto direito, que não inibe sua prática.

O próprio Supremo Tribunal Federal também já se manifestou nesse sentido, concluindo que a proteção da relação de emprego contra despedida arbitrária ou sem justa causa, prevista no art. 7º, I, da Constituição Federal de 1988, restringe-se à indenização compensatória e outros direitos a serem definidos em lei complementar, "exceto, evidentemente, o de estabilidade permanente ou plena que daria margem a um *bis in idem* inadmissível com a indenização compensatória como aliás se vê da disciplina provisória que se encontra nos incisos I e II do artigo 10 do ADCT"[3].

titucionalidade n.º 1480, pela qual questionaram a ratificação da Convenção n.º 158 da OIT pelo Brasil. Segundo as entidades, "pela Constituição, o empregador tem a faculdade de romper unilateralmente o vínculo empregatício, sem causa justificada".

3. Decisão proferia no julgamento do Recurso Extraordinário n.º 179.193/P (Relator Min. ILMAR GALVÃO, Relator para Acórdão: Min. MOREIRA ALVES, Julgamento: 18/12/1996 Órgão Julgador: Tribunal Pleno).

Entretanto, o propósito do constituinte de 1988 – ao que parece diante dos valores e princípios constitucionais – não era tolerar as despedidas arbitrárias e sem justa causa a critério exclusivo do empregador e garantir ao empregado apenas uma indenização, tanto que no art. 10, I, do ADCT, há restrição expressa do prazo de vigência da indenização até a edição de Lei Complementar, "que preverá indenização compensatória, dentre outros direitos".

A intenção do constituinte era, certamente, restringir o poder patronal e a sua potestade, evitando a precarização da relação de emprego e assegurando a efetiva inclusão dos trabalhadores na cadeia produtiva de forma contínua e duradoura, com o objetivo de efetivar direitos fundamentais dos trabalhadores, como o pleno emprego e a dignidade.

Tanto é assim que Augusto César Leite de Carvalho (2013, p. 170) refere-se a uma contraditória proteção constitucional dependente de regulamentação, que autoriza o empresário não propriamente a dispensar, mas, com igual efeito prático, a pagar uma indenização equivalente a 40% dos depósitos efetuados na conta vinculada do FGTS, nos casos de despedidas sem justa causa. Para o autor:

> o empresário, embora sob a regência de norma jurídica pretensamente inibidora da despedida, possui a faculdade de dispensar imotivadamente o empregado, desde que pague a indenização citada. O custo extraordinário da despedida, para o empresário, limita-se ao desembolso de 40% do saldo do empregado no FGTS, pois lhe cabe recolher a contribuição de 8% para esse fundo em qualquer circunstância, durante todo o vínculo.

Seguindo a posição minoritária, Carlos Henrique Bezerra Leite (2013, p. 249) sustenta que "à luz dos diversos princípios, valores e regras da Constituição Federal de 1988 a proteção da relação empregatícia contra a dispensa arbitrária ou sem justa causa é um direito humano e fundamental social dos trabalhadores". E mais, segundo o autor, "o chamado direito potestativo patronal de resilir o contrato de trabalho é incompatível com os princípios estruturantes do Estado Democrático de Direito".

Desse modo, é possível afirmar que a concretização do direito fundamental previsto no art. 7º, I, da Constituição Federal de 1988 depende mais do trabalho dos juristas do que propriamente da atividade integrativa do Poder Legislativo, já que o problema guarda relação com as teorias sobre a aplicabilidade (ou eficácia, a depender do enfoque) das normas constitucionais, notadamente daquelas que são classificadas como de eficácia limitada (do tipo programática) ou não autoexecutáveis.

2.1. O PROBLEMA DA CONCRETIZAÇÃO DOS DIREITOS FUNDAMENTAIS TRABALHISTAS NO CONTEXTO DE MORA DO PODER LEGISLATIVO

Não obstante a positivação de diversos direitos fundamentais trabalhistas no texto da Constituição Federal de 1988, a exemplo da proteção da relação de emprego contra despedida arbitrária ou sem justa causa (art. 7º, I), é fato que diversos deles permanecem sem concretização no cotidiano dos trabalhadores.

Assim, e como exposto anteriormente, é preciso desenvolver construções doutrinárias que possibilitem a concretização do texto constitucional no mundo dos fatos, conferindo-lhes plena eficácia independentemente das prioridades dos governantes ou dos interesses dos fatores reais de poder.

No particular, adverte André Puccinelli Júnior (2007, p. 53) que as teorias que buscam afastar e desfigurar a força normativa da Constituição "tentam, invariavelmente, caracterizá-la como um repositório ideológico e desprovido de sanções, deformação que, a toda evidência, é tributária de imprecisões técnicas e conveniências dissimuladas, do que de uma construção científica apta a justificá-la".

Celso Antônio Bandeira de Mello (2010, p. 28), no mesmo sentido, considera "puramente ideológica – e não científica – a tese que faz depender de lei a fruição dos poderes ou direitos configurados em termos algo fluidos", até mesmo porque no âmbito do direito privado, penal e processual "jamais se questionou caber ao Judiciário o reconhecimento das fronteiras destes conceitos fluidos, que são comuns em todas as províncias do Direito".

Isso porque, conforme a doutrina dominante, as normas ditas programáticas estão condicionadas à discricionariedade do legislador e, por isso, não consentem que os cidadãos as invoquem, postulando judicialmente o seu cumprimento. Como consequência, não emergem direitos subjetivos de tais normas, mas mera expectativa deles.

Atento ao problema da eficácia das normas classificadas como programáticas na Constituição italiana, Norberto Bobbio (2004, p. 77-78) apresenta os seguintes questionamentos para o que chama de "defasagem entre a posição da norma e sua efetiva aplicação" no campo dos direitos sociais:

> Será que já nos perguntamos alguma vez que gênero de normas são essas que não ordenam, proíbem ou permitem hit et nunc, mas ordenam, proíbem e permitem num futuro indefinido e sem um prazo de carência claramente delimitado? E, sobretudo, já nos perguntamos alguma vez que gênero de direito é esse que tais normas definem? Um direito cujo reconhecimento e cuja efetiva proteção são adiados sine die, além de confinados à vontade de sujeitos cuja obrigação de executar o 'programa' é apenas uma obrigação moral ou, no máximo, política, pode ainda ser chamado corretamente de 'direito'?

Ora, de fato, as normas constitucionais que tratam dos direitos socioeconômicos – típicos compromissos do Estado social, firmados a partir da superação do paradigma liberal – têm, *em regra*, eficácia limitada, consubstanciando-se em normas cuja aplicabilidade dependeria de normatividade futura, razão pela qual são classificadas como programáticas[4].

---

4. Para André Puccinelli Júnior (2007, p. 61), "as normas programáticas ajustam-se à função promocional do Direito, na medida em que estabelecem um programa de integração socioeconômica implementável a partir de leis e atos de governo voltados à materialização a teleologia constitucional. Algumas destas normas se reportam à legislação superveniente

Embora destaque a importância de tais normas, "porque procuram dizer para onde e como se vai, buscando atribuir fins ao Estado, esvaziado pelo liberalismo econômico", José Afonso da Silva reconhece que, dependentes do legislador e de sua discricionariedade "os direitos sociais, como instrumentos de tutela dos menos favorecidos, não tem tido a eficácia necessária para reequilibrar a posição de inferioridade que lhes impede o efetivo exercício das liberdades garantidas" (2007, p. 141).

André Puccinelli Júnior (2007, p. 61), embora sustente que a operatividade de tais normas "condiciona-se a uma futura e incerta integração normativa", reconhece que:

> não é a Constituição que deve se curvar aos caprichos do legislador, e sim o contrário. Se as normas constitucionais são imperativas, supremas e obrigatórias, isto significa que elas vinculam todos os Poderes Públicos, inclusive o Legislativo.

Em outra passagem, na mesma obra, reforça que "as questões ligadas ao cumprimento de programas constitucionais não foram relegadas ao livre alvedrio do Legislativo e do Executivo" (2007, p. 83).

Com fundamento na força normativa da Constituição e nos poderes conferidos ao juiz para controlar a lei e as omissões do legislador, Luiz Guilherme Marinoni (2011, p. 168) destaca que este não tem a opção de incorrer em omissões que invalidem ou desrespeitem direitos fundamentais, já que a Constituição não consiste em mera proclamação retórica e demagógica.

Conforme José Joaquim Gomes Canotilho (2001, p. 205)

> a actualização e dinamização das imposições constitucionais não é um negócio com datas rigidamente marcadas mas um processo de concretização que, não obstante a ausência de

---

e vinculam-se ao princípio da legalidade, pelo que não produzem efeitos plenos antes de sua regulamentação legislativa. Outras, porém, não fazem tal referência e dispensam a elaboração de lei que lhes integre a eficácia, muito embora pressuponham reserva orçamentária e atos de índole administrativa, sendo vinculativas para todo o Poder Público e, não raro, para a sociedade em geral".

> termos a quo e ad quem, exige que iniciativa legislativa não seja remetida para as Calendas gregas. Tendo como assente a liberdade de conformação do legislador, a demora deste em actualizar a constituição pode originar, primeiro, uma situação constitucional imperfeita e, posteriormente, uma verdadeira inconstitucionalidade por omissão.

Luís Roberto Barroso (2011, p. 246), no particular, sustenta que legislar é uma faculdade do legislador, de forma que "a decisão de criar ou não lei acerca de determinada matéria insere-se no âmbito de sua discricionariedade ou mais propriamente, de sua liberdade de conformação". Entretanto, conforme o autor:

> nos casos em que a Constituição impõe ao órgão legislativo o dever de editar normas reguladoras da atuação de determinado preceito constitucional, sua abstenção será ilegítima e configurará caso de inconstitucionalidade por omissão.

Ingo Wolfgang Sarlet (2011a, p. 367-368), no mesmo sentido, destaca que "a vinculação aos direitos fundamentais significa para o legislador uma limitação de sua liberdade de conformação no âmbito de sua atividade regulamentadora e concretizadora". Assim, "a vinculação do legislador implica um dever de conformação de acordo com os parâmetros fornecidos pelas normas de direito fundamentais e, neste sentido, também um dever de realização destes". Com isso, "uma inércia (total ou parcial) do legislador em face de uma imposição mais ou menos concreta (finalidade ou programa contido nas normas de direito fundamental)" gera o problema da inconstitucionalidade por omissão.

Desse modo, e em relação aos direitos fundamentais, a atividade legislativa integrativa, *data venia*, não pode ser encarada como *incerta* nem ficar a critério exclusivo da *conveniência* do Poder Legislativo, já que não lhe é dada outra opção, sob pena de incorrer em omissão manifestamente inconstitucional, deflagrando, a partir daí, a possibilidade de controle e repressão dessa disfunção pela via judicial, seja por mandado de injunção, ação direta de inconstitucionalidade por omissão ou mesmo ação ordinária (via controle difuso[5]).

Assim, enquanto integrantes do programa constitucional para o futuro, as normas constitucionais – inclusive aquelas ditas programáticas – vinculam e devem ser observadas e implementadas pelo Estado. Do contrário, caso dependessem exclusivamente de critérios de conveniência política para efetivação, os compromissos constitucionais quedar-se-iam inertes de modo abrangente, equivalendo a meras promessas inócuas e irrealizáveis ou simples carta de intenções, equiparadas a conselhos ou avisos, o que não parece coerente[6].

Portanto, e ainda que incômodas a determinado segmento social (*o capital*), não parece mais prudente ou razoável aceitar que normas constitucionais definidoras de direitos sociais, em especial as que tratam do direito do trabalho (que deve ser valorizado e as normas respectivas aplicadas de imediato – art. 5º, §1º), ainda sejam tratadas como meramente programáticas e, desse modo, sem incidência concreta e efetiva nas relações privadas[7].

---

5. Luiz Guilherme Marinoni (2011, p. 65) destaca que "não há razão para entender possível o controle da constitucionalidade da lei e julgar inviável o controle da constitucionalidade da falta da lei". Assim, considerando que um direito fundamental pode depender de uma regra que lhe dê proteção, "configurando-se a omissão legislativa, há verdadeira omissão de proteção, devida pelo legislador. Essa omissão pode ser reconhecida judicialmente, quando o juiz deverá determinar a supressão da omissão para dar proteção ao direito fundamental".
6. De acordo com Celso Antônio Bandeira de Mello (2010, p. 14), "não faria sentido que o constituinte enunciasse certas disposições apenas por desfastio ou por não sopitar seus sonhos, devaneios ou anelos políticos. A seriedade do ato constituinte impediria a suposição de que os investidos em tão alta missão dela se servissem como simples válvula de escape para emoções antecipadamente condenadas, por seus próprios emissores, a permanecerem no reino da fantasia. Até porque, se desfrutavam do supremo poder jurídico, seria ilógico que, desfrutando-o, houvessem renunciado a determinar impositivamente aquilo que consideraram desejável, conveniente, adequado".
7. A eficácia dessas normas não se manifesta em sua plenitude enquanto não forem objeto de regulamentação infraconstitucional, delas não emergindo direitos subjetivos imediatamente exigíveis pelos cidadãos. Isso não significa, em absoluto, que as mesmas carecem de juridicidade, já que, nas palavras de José Afonso da Silva (2007, p. 164), "as normas programáticas têm eficácia jurídica imediata, direta e vinculante nos casos seguintes: I – estabelecem um dever para o legislador ordinário; II – condicionam a legislação futura, com a consequência de serem inconstitucionais as leis ou atos que as ferirem; III – informam a concepção do Estado e da sociedade e inspiram sua ordenação jurídica,

Ora, a Constituição Federal de 1988 foi promulgada há mais de 3 décadas, tempo razoável e adequado, até mais do que suficiente (mesmo considerando as múltiplas questões históricas, políticas, sociais e econômicas verificadas no período), para a sua exaustiva regulamentação, sendo inadmissível a mora legislativa verificada em relação ao art. 7º, I[8], bem como de tantos

---

mediante a atribuição de fins sociais, proteção dos valores da justiça social e revelação dos componentes do bem comum; IV – constituem sentido teleológico para a interpretação, integração e aplicação das normas jurídicas; V – condicionam a atividade discricionária da Administração e do Judiciário; VI – criam situações jurídicas subjetivas, de vantagem ou de desvantagem". Para Luís Roberto Barroso (1996, p. 62), as normas em apreço conferem aos cidadãos, de imediato, o direito a: (A) opor-se judicialmente ao cumprimento de regras ou à sujeição a atos que o atinjam, se forem contrários ao sentido do preceptivo constitucional; (B) obter, nas prestações jurisdicionais, interpretação e decisão orientadas no mesmo sentido e direção apontados por estas normas, sempre que estejam em pauta os interesses constitucionais por elas protegidos.

8. O Supremo Tribunal Federal não segue uma uniformidade nos critérios de análise da mora legislativa. Passados pouco mais de 5 (cinco) anos da promulgação da Constituição Federal de 1988 foi declarada a mora legislativa na regulamentação do art. 192, §3º, que trata dos juros (MI 361/RJ, Relator(a): Min. NÉRI DA SILVEIRA, Relator(a) p/ Acórdão: Min. SEPÚLVEDA PERTENCE, Julgamento: 08/04/1994, Órgão Julgador: Tribunal Pleno - "(...) II. MORA LEGISLATIVA: EXIGÊNCIA E CARACTERIZAÇÃO: CRITÉRIO DE RAZOABILIDADE. A MORA - QUE E PRESSUPOSTO DA DECLARAÇÃO DE INCONSTITUCIONALIDADE DA OMISSÃO LEGISLATIVA -, E DE SER RECONHECIDA, EM CADA CASO, QUANDO, DADO O TEMPO CORRIDO DA PROMULGAÇÃO DA NORMA CONSTITUCIONAL INVOCADA E O RELEVO DA MATÉRIA, SE DEVA CONSIDERAR SUPERADO O PRAZO RAZOÁVEL PARA A EDIÇÃO DO ATO LEGISLATIVO NECESSÁRIO A EFETIVIDADE DA LEI FUNDAMENTAL; VENCIDO O TEMPO RAZOÁVEL, NEM A INEXISTÊNCIA DE PRAZO CONSTITUCIONAL PARA O ADIMPLEMENTO DO DEVER DE LEGISLAR, NEM A PENDÊNCIA DE PROJETOS DE LEI TENDENTES A CUMPRI-LO PODEM DESCARACTERIZAR A EVIDENCIA DA INCONSTITUCIONALIDADE DA PERSISTENTE OMISSÃO DE LEGISLAR."). No entanto, esse critério não prevaleceu em relação à norma do art. 7º, I, da Constituição Federal, cuja fundamentalidade parece inquestionável. Em consequência, não foi reconhecida a mora legislativa no MI 114/SP nem no 628/RJ, o primeiro julgado em 1991 e o segundo em 2002, ou seja, 14 (quatorze) anos após a promulgação da Constituição Federal de 1988. Seguem as ementas: a) **MI 114/SP** – Relator (a): Min. OCTAVIO GALLOTTI, Julgamento: 04/04/1991, Órgão Julgador: Tribunal Pleno - "MANDADO DE INJUNÇÃO, PARA SUPRIMENTO DA OMISSÃO DO CONGRESSO NACIONAL, NO ELABORAR A LEI COMPLEMENTAR PREVISTA NO ART. 7., I, DA CONSTITUIÇÃO. MORA NÃO CONFIGURADA, PORQUANTO SUPRIDA, EMBORA PROVISORIAMENTE, PELO PRÓPRIO LEGISLADOR CONSTITUINTE, NO ART. 10 DO ATO DAS DISPOSIÇÕES CONSTITUCIONAIS TRANSITÓRIAS, NÃO SE ACHANDO, ENTÃO, INVIABILIZADO O EXERCÍCIO DO DIREITO RECLAMADO. PEDIDO DE QUE NÃO SE CONHECE"; b) MI 628/RJ - Relator(a): Min. SYDNEY SANCHES, Julgamento: 19/08/2002, Órgão Julgador: Tribunal Pleno - "DIREITO CONSTITUCIONAL E TRABALHISTA. MANDADO DE INJUNÇÃO DESTINADO A COMPELIR O CONGRESSO NACIONAL A ELABORAR A LEI COMPLEMENTAR A QUE SE REFERE O INCISO I DO ART. 7° DA CONSTITUIÇÃO FEDERAL. 1. Existindo norma, na própria Constituição Federal, mais precisamente no art. 10, I, do A.D.C.T., que regula, provisoriamente, o direito previsto no inciso I do art. 7º da Parte Permanente, enquanto não aprovada a lei complementar a que se refere, mostra-se descabido o Mandado de Injunção destinado a compelir o Congresso Nacional a elaborá-la. 2. Precedentes: Mandados de Injunção nos 487 e 114. 3. Mandado de Injunção não conhecido".

outros dispositivos constitucionais, em manifesto prejuízo da supremacia e normatividade daquela[9].

Sobre a mora legislativa, André Ramos Tavares (2002, p. 85) pondera que:

> após diversos anos de vigência da Constituição, fica-se estarrecido com o desprezo com que foram premiados determinados comandos constitucionais, com toda uma doutrina formalista a serviço da desconsideração de sua normatividade plena.

O pior, segundo o autor, é que "os responsáveis pela implementação concreta da Constituição tem-lhe podado as vontades reais sob o argumento, já desbotado pelo uso recorrente, da mera programaticidade".

A ausência de mediação legislativa concretizadora demonstra, nas palavras de Gilberto Bercovici (1999, p. 44), que a "'vontade da constituição' praticamente inexiste nos altos escalões da República, quer sejam do Executivo, do Legislativo ou do Judiciário". No particular, defende que "o grande problema da Constituição Federal de 1988 é o de como aplicá-la, como realizá-la, ou seja, trata-se da concretização constitucional" (1999, p.46-47). Em outras palavras, da implementação dos direitos.

Assim, não há mais como conceber a norma constitucional programática como aquela dependente de normatividade futura e de eficácia restritíssima, até porque, como típica norma jurídica, deve cumprir seus fins sociais e as exigências do bem comum (art. 5º da Lei de Introdução às Normas do Direito Brasileiro). Nesse sentido, cabe ao intérprete e aplicador do direito, diante do caso concreto e a partir dos valores e princípios constitucionais (ainda que previstos em normas programáticas), adotar a decisão ou medida mais coerente com os ditames da justiça social.

9. De acordo com André Puccinelli Júnior (2007, p. 103), "tão lesiva quanto a ação da maioria é a omissão surdina do Poder Legislativo. Ao negligenciar atos imprescindíveis à tramitação legislativa, maiorias transitórias podem interditar a aprovação de projetos tendentes a regulamentar certos direitos postulados por grupos minoritários. Em hipóteses tais, a omissão legislativa implica novo ataque ao compromisso democrático de defender os direitos fundamentais".

É preciso, então, construir fórmulas e mecanismos teóricos que permitam a materialização das promessas e compromissos a partir da interpretação teleológica e evolutiva da Constituição Federal de 1988, realizando-se a almejada justiça social e afastando o caráter abstrato e a incompletude[10] das normas programáticas. Afinal, os direitos sociais não podem ser encarados como mero ideário político-ideológico[11].

Para Flávia Piovesan (2013, p. 363):

> Há que se fortalecer a perspectiva integral dos direitos humanos, que tem nos direitos sociais uma dimensão vital e inalienável, aprimorando os mecanismos de sua proteção e justiciabilidade, dignificando, assim, a racionalidade emancipatória dos direitos sociais como direitos humanos, nacional e internacionalmente garantidos.

Paulo Bonavides (2006, p. 237), nesse particular, propõe que seja atribuída eficácia vinculante à norma programática, de forma que não será fácil "tergiversar-lhe a aplicabilidade das normas como os juristas abraçados à tese antinormativa, os quais, alegando programaticidade de conteúdo, costumam evadir-se ao cumprimento ou observância de regras e princípios constitucionais".

Essa é, certamente, uma das formas de concretizar a proteção da relação de emprego contra a despedida arbitrária ou sem justa causa (art. 7º, I, da Constituição Federal), conferindo-lhe máxima efetividade[12] independentemente de qualquer legislação complementar.

---

10. Celso Antônio Bandeira de Mello (2010, p. 10) sustenta que a utilização de "termos vagos, genéricos, fluidos ou dependentes de normação infraconstitucional" é a forma mais eficiente de torná-los inoperantes. Destaca, ainda, que "este modo de regular acaba tirando com uma das mãos o que foi dado com a outra. Termina por frustrar o que se proclamou enfaticamente. Cumpre, em última análise, uma função escamoteadora, tenha ou não essa intenção adrede concebida".
11. Para André Puccinelli Júnior (2007, p. 373) "o grande desafio do publicista moderno prende-se ao desenvolvimento de técnicas conducentes à pronta concretização das normas constitucionais, até porque, repisando aquele velho truísmo, o Direito existe para realizar-se".
12. Conforme Luiz Guilherme Marinoni (2010, p. 169), "o princípio da efetividade (relativo à interpretação constitucional), por sua vez, sintetiza a ideia de que os direitos fundamentais

Nos tópicos seguintes analisaremos outros possíveis enfoques e olhares para o art. 7º, I, sempre, evidentemente, com fundamento nas diretrizes estabelecidas pela própria Constituição Federal de 1988 e na teoria dos direitos fundamentais.

Pretendemos, com isso, obter a resposta possível e adequada para o seguinte questionamento: o art. 7º, I, da Constituição Federal é, de fato, apenas e mais uma norma meramente programática, completamente dependente de legislação futura? Ou, sob outro enfoque, a Constituição, a partir de seus valores e princípios, em especial o da dignidade da pessoa humana e da valorização do trabalho, pretendeu realmente assegurar ao empregador o direito potestativo de despedir sem qualquer justificativa ou motivação?

Antes, porém, devemos esclarecer que o dispositivo em tela não garante estabilidade plena no emprego, a exemplo daquela prevista no arts. 492 e seguintes da CLT, na medida em que a licitude das despedidas *não* arbitrárias e por justa causa (art. 482 da CLT) é inegável e incontroversa. A proibição constitucional, portanto, contempla apenas as despedidas arbitrárias e as sem justa causa.

É, pois, nesse sentido que enfrentaremos a questão adiante, buscando soluções razoáveis e plausíveis para, superando a ausência de lei complementar, identificar os parâmetros delimitadores das despedidas *não* arbitrárias com base nos valores e princípios constitucionais vigentes, extraindo, com isso, o conteúdo mínimo do art. 7º, I, da Constituição Federal de 1988.

2.2. DESPEDIDA ARBITRÁRIA ENQUANTO CONCEITO JÁ DELIMITADO PELA LEI (ART. 165 DA CLT)

Como exposto no tópico anterior, o entendimento majoritário é no sentido de que o art. 7º, I, da Constituição Federal depende de lei complementar para que possa ser aplicado aos

devem ser interpretados em um sentido que lhes confira a maior efetividade possível. Ou melhor, no caso de dúvida deve prevalecer a tese que dê a maior efetividade possível ao direito fundamental."

casos concretos, sendo, portanto, de eficácia limitada (enquanto norma programática) ou não autoexecutável.

De fato, e embora já passados mais de 30 anos da promulgação da Constituição Federal de 1988, ainda não foi editada a lei complementar exigida pelo dispositivo para delimitar seu âmbito de aplicação – a partir da definição do que seria arbitrária –, bem como as consequências e eventuais sanções para a hipótese de descumprimento da obrigação principal (típica obrigação de não fazer, consistente na proibição de despedida arbitrária ou sem justa causa). Também caberia à lei complementar definir, entre outros direitos, uma indenização compensatória.

Ocorre que tal omissão legislativa não tem o condão de obstar por completo a aplicação do dispositivo, na medida em que o ordenamento jurídico – enquanto unidade sistemática – oferece condições plenas para o atendimento de significativa parcela do respectivo comando constitucional.

Ora, há mais de 35 anos a própria CLT já define e conceitua despedida arbitrária como sendo aquela "que não se fundar em motivo disciplinar, técnico, econômico ou financeiro" (art. 165), conceito cujo alcance também está sedimentado na doutrina há anos.

Entretanto, a partir de uma interpretação míope e uma visão equivocada de ordenamento jurídico[13], tal dispositivo só vem sendo aplicado aos titulares da representação dos empregados nas Comissões Internas de Prevenção de Acidentes, como

---

13. Analisando o fenômeno de fragmentação do ordenamento jurídico em compartimentos herméticos constituídos por normas esparsas e, na prática, incomunicáveis, Ricardo Luis Lorenzetti (2010, p. 65) afirma que "a explosão produziu um fracionamento da ordem, similar ao planetário. Criaram-se microssistemas jurídicos, que, assim como os planetas, giram com autonomia própria, sua vida é singular. O Código é o Sol, ilumina-os, colabora com sua vida, mas já não pode incidir diretamente sobre eles. Também se pode recordar a famosa descrição utilizada por Wittgenstein, aplicada ao direito, pela qual o Código é o velho centro da cidade, a que foram se agregando novos subúrbios, cada qual com seus próprios centros e características de bairro. Poucos são os que se visitam uns aos outros. Ao centro, apenas se vai de vez em quando a contemplar relíquias históricas". Aplicando essa reflexão ao caso em estudo, podemos afirmar que a Constituição é o Sol, e a CLT um planeta, com pouca ou quase nenhuma interação entre as respectivas normas conexas (art. 7º, I, e art. 165).

se tratasse de situação absolutamente díspar e distinta daquela prevista no art. 7º, I, da Constituição Federal de 1988, o que, em definitivo, não procede.

No que interessa ao objeto do presente estudo, podemos afirmar que a própria legislação trabalhista brasileira permite ao intérprete – na falta de disposições legais ou contratuais específicas – decidir "por analogia, por equidade e outros princípios e normas gerais de direito, principalmente do direito do trabalho, e, ainda, de acordo com os usos e costumes, o direito comparado" (art. 8º da CLT).

Por outro lado, e conforme Ingo Wolfgang Sarlet (2011a, p. 380), entre as normas constitucionais e o direito privado não deve se estabelecer um abismo, "mas uma relação pautada por um contínuo fluir, de tal sorte que, ao aplicar-se uma norma de direito privado, também se está a aplicar a própria Constituição".

Assim, como não há norma específica regulamentando o disposto no art. 7º, I, da Constituição Federal (ou seja, resta caracterizada a falta de disposições legais ou contratuais), o intérprete está expressamente autorizado a recorrer à analogia, equidade e outras normas do direito do trabalho (o que inclui, por razões óbvias, o art. 165 da CLT) para a solução dos casos concretos.

Portanto, como já há uma definição legal do que é despedida arbitrária (art. 165 da CLT), o alcance do art. 7º, I, da Constituição Federal de 1988 é facilmente identificado, de forma a relação de emprego só poderá ser válida e legalmente extinta se caracterizada falta grave tipificada no art. 482 da CLT (justa causa) ou algum "*motivo disciplinar, técnico, econômico ou financeiro*".

O próprio José Augusto Rodrigues Pinto, que advoga a tese da ilimitada potestade do empregador para extinguir o vínculo, reconhece que a despedida do mandatário dos empregados na CIPA não pode ser vazia, há que ser uma despedida razoável (2003, p. 514); entretanto, não exige tal razoabilidade na dispensa dos demais empregados.

Para Luciano Martinez (2010, p. 483), a despedida arbitrária é aquela que carece de motivação razoável, seja de ordem disciplinar (motivo produzido pelo empregado), técnica, econômica ou financeira (motivos produzidos pelo empregador).

Gustavo Filipe Barbosa Garcia (2010, p. 337-338), ao tratar das modalidades de dispensa, já faz a devida conexão entre o art. 7º, I, da Constituição Federal de 1988 e o art. 165 da CLT, definindo dispensa arbitrária "como aquela que não se funda em motivos objetivos, relacionados à empresa, referentes a fatores econômicos, financeiros, técnicos ou estruturais". Em paralelo, segundo o autor, a dispensa sem justa causa "seria aquela que não se funda em motivos objetivos, ou seja, disciplinares, referentes ao empregado".

Sérgio Pinto Martins (2003, p. 343), valendo-se do disposto no art. 165 da CLT, define motivo técnico como o que diz respeito à organização da atividade da empresa, apresentando como exemplo a hipótese de fechamento de uma filial ou de uma seção com a consequente despedida dos empregados. A insolvência da empresa, por questões relativas a receitas e despesas, justificaria a despedida por motivo econômico ou financeiro, enquanto que o motivo disciplinar seria o pertinente à dispensa por justa causa (art. 482 da CLT).

Para Pedro Paulo Teixeira Manus (1996, p. 60-61), a despedida sem justa causa, embora nociva, deve ser permitida, mas "desde que tenha o empregador motivação para desfazer o contrato até então havido, ainda que referida motivação não derive de ato imputado ao empregado". E mais: "o motivo de ordem econômica ou financeira, do mesmo modo que o motivo de ordem técnica, deverá ser provado, para que se aceite a justificativa da despedida".

Ainda conforme o autor, o motivo de ordem técnica diz respeito à estrutura empresarial, assim entendido como a constatação de que o empregado não se amoldou ao sistema de trabalho na empresa, inclusive nos casos de modificações na estrutura empresarial no curso do contrato de trabalho. O que importa, no particular, é que a situação torne tecnicamente inviável a continuação do contrato. Quanto ao motivo de ordem econômica ou financeira, caberá ao empregador demonstrar "que agiu corretamente no comando do seu negócio, não tendo ocorrido o problema ora em foco por sua culpa ou dolo, caso em que não se tratará de motivo plausível, mas de desmando na gestão empresarial".

Nesse contexto, existindo parâmetros legais seguros e razoáveis para delimitar a aplicação do art. 7º, I, da Constituição Federal de 1988, o intérprete deve se libertar das amarras da literalidade do dispositivo constitucional e buscar a concretização da "vontade da constituição", a partir de uma interpretação sistêmica e teleológica do ordenamento jurídico. É preciso ir além da letra fria da lei, integrando-a com normas afins e conexas, para que se alcance a máxima efetividade delas a partir do diálogo das fontes.

Pertinente, no particular, a advertência de Wolney de Macedo Cordeiro (2008, p. 11) no sentido de que "o apego exagerado ao texto explícito da norma escrita pode apresentar resultados verdadeiramente desastrosos em relação à efetivação do direito". Em consequência, defende que "a atividade do intérprete não pode ser escravizada diante do contexto meramente gramatical da norma escrita", cabendo-lhe uma atividade proativa diante da incompletude do sistema jurídico, com o propósito de contextualizar a norma jurídica no âmbito das demandas sociais apresentadas. E mais, ainda conforme o autor, o intérprete deve "harmonizar o texto legal com as necessidades correntes da sociedade, mesmo que a conclusão final possa parecer, em um primeiro momento, contrária ao 'texto escrito'" (2008, p. 12).

Com isso, tendo como diretriz a valorização do trabalho humano (art. 170 da Constituição Federal), não será razoável a conclusão que rejeite a aplicação do art. 165 da CLT, pelo que podemos concluir, nesse particular, que a norma constitucional (art. 7º, I) deve ser cumprida por todos, só sendo lícita a despedida do empregado se for não arbitrária (fundada em motivo de ordem disciplinar, técnica, econômica ou financeira) ou com justa causa (em razão de falta grave, tipificada no art. 482 da CLT).

2.3. APLICABILIDADE IMEDIATA DAS NORMAS DEFINIDORAS DOS DIREITOS E GARANTIAS FUNDAMENTAIS

Não obstante já existir no ordenamento jurídico brasileiro definição legal (e precisa, registre-se) sobre despedida arbitrária, o que nos parece adequado e suficiente, podemos extrair do próprio texto constitucional uma outra forma de viabilizar a aplicação do art. 7º, I, da Constituição Federal de 1988 às relações de emprego.

Isso porque, ao estabelecer, em seu o art. 5º, §1º, que "as normas definidoras dos direitos e garantias fundamentais têm aplicação imediata", a Constituição Federal de 1988 "repudia o entendimento ortodoxo segundo o qual as normas programáticas não são dotadas de eficácia (efetividade jurídica)", conforme a doutrina de Eros Roberto Grau (2012, p. 319).

Em outras palavras, é possível afirmar que as normas que versam sobre direitos fundamentais, ainda que sejam de eficácia limitada (do tipo programática) ou não autoexecutáveis, serão aplicadas de imediato e independentemente de integração normativa posterior, assemelhando-se, no particular, às normas de eficácia plena.

O dispositivo em tela prestigia, sobremaneira, os direitos e garantias fundamentais e sua força vinculante, conferindo máxima e imediata efetividade a todos eles, na medida em que as demais normas de eficácia limitada ou não autoexecutáveis permanecem dependentes de normatização futura[14].

Assim, e conforme Luiz Guilherme Marinoni (2010, p. 168), o art. 5º, §1º, da Constituição Federal não tem função meramente retórica, evidenciando a força normativa dos direitos fundamen-

14. Entendimento em sentido contrário faria do art. 5º, §1º, da Constituição Federal de 1988, uma norma destituída de conteúdo. Nesse sentido, Ingo Wolfgang Sarlet (2011a, p. 269) adverte que "efetivamente não existiria maiores diferenças entre os direitos fundamentais e os demais dispositivos da Constituição. Que esta posição extremamente simplista e – por que não dizer – pessimista não pode prosperar já resulta do simples fato de previsão expressa de dispositivo análogo ao art. 5º, §1º, da CF em outras Constituições, a não ser que se parta da premissa de que também estas nada mais fizeram do que criar preceito inócuo e desnecessário".

tais e impondo a aplicação imediata das respectivas normas, de maneira que não há como supor que um direito fundamental "somente possa se expressar em conformidade com a lei, e que assim seja dele dependente".

Para Ingo Wolfgang Sarlet, a inclusão do dispositivo em tela pretendeu evitar que as normas definidoras de direitos e garantias fundamentais fossem esvaziadas e permanecessem como letra morta no texto constitucional (2011a, p. 264). Em consequência, afirma o autor que há uma presunção em favor da aplicabilidade imediata e independentemente de qualquer medida concretizadora, "de tal sorte que eventual recusa de sua aplicação, em virtude da ausência de ato concretizador, deverá (por ser excepcional), ser necessariamente fundamentada e justificada". Assim, "a aplicabilidade imediata e eficácia plena assumem a condição de regra geral, ressalvadas exceções que, para serem legítimas, dependem de convincente justificação à luz do caso concreto" (2011a, p. 271).

Na prática, de acordo com as lições de Eros Roberto Grau (2012, p. 318), o art. 5º, §1º, da Constituição Federal de 1988, impõe o imediato cumprimento das normas sobre direitos e garantias fundamentais tanto por particulares quanto pelo Estado, "independentemente da produção de qualquer ato legislativo ou administrativo", de forma que "tais normas já não têm mais caráter meramente programático, assumindo a configuração de preceitos autoexecutáveis, aos quais o aplicador último do Direito – o Poder Judiciário – deve conferir efetividade jurídica ou formal"[15].

Desse modo, na hipótese de descumprimento de tais normas pela Administração Pública (Poder Executivo), pelo Poder

15. De acordo com José Afonso da Silva (2009, p. 65-66), "a *eficácia social* designa uma efetiva conduta acorde com a prevista pela norma; refere-se ao fato de que a norma é realmente obedecida e aplicada"; "a *eficácia jurídica* da norma designa a qualidade de produzir, em maior ou menor grau, efeitos jurídicos, ao regular desde, logo, as situações, relações e comportamentos de que cogita". Para Flávia Piovesan (2003, p. 57), a "eficácia jurídica corresponde às condições técnicas de atuação da norma, ou seja, apresenta eficácia jurídica a norma que tiver condições de aplicabilidade. Eficácia jurídica significa, assim, a possibilidade de aplicação da norma. Já eficácia social significa a efetiva aplicação da norma aos casos concretos".

Legislativo ou mesmo por particulares, cumprirá ao Judiciário decidir pela imposição de sua pronta e imediata efetivação. Nesse contexto, e nas lições de Eros Roberto Grau (2012, p. 312-313):

> O Poder Judiciário, então, estará de uma banda, vinculado pelo dever de conferir efetividade imediata ao preceito. De outra, estará autorizado a inovar o ordenamento jurídico suprindo, em cada decisão que tomar, eventuais lacunas que, não estivessem o preceito dotado de aplicabilidade imediata, atuariam como obstáculos a sua exequibilidade.

Sobre o alcance do art. 5º, §1º, da Constituição Federal de 1988, Flávia Piovesan (2003, p. 106-107) sustenta que, a partir de interpretação teleológica e independentemente da topografia constitucional, o princípio da aplicabilidade imediata contempla todo e qualquer preceito definidor de direito e garantia fundamental.

Para Ingo Wolfgang Sarlet (2011a, p. 262-263), "o Constituinte não pretendeu, com certeza, excluir do âmbito do art. 5º, §1º, de nossa Carta, os direitos políticos, de nacionalidade e os direitos sociais, cuja fundamentalidade – pelo menos em sentido formal – parece inquestionável", de forma que todos direitos fundamentais são aplicáveis de imediato, estejam eles catalogados no art. 5º a 17, localizados em outras partes da Constituição ou, ainda, nos tratados internacionais.

No mesmo sentido, André Puccinelli Júnior (2007, p. 79) ressalta que, "não obstante situar-se no capítulo reservado aos direitos e deveres individuais e coletivos, o princípio alcança todo e qualquer preceito definidor de direitos e garantias fundamentais, inclusive os de natureza creditícia". Com base nessa premissa, afirma, adiante, que os direitos sociais, enquanto direitos fundamentais de segunda geração, "se subsomem à regra do art. 5º, §1º, da Constituição da República, e constituem 'exigência inarredável de qualquer Estado (social ou não) que inclua nos seus valores essenciais a humanidade e a justiça'" (2007, p. 82).

Assim, tanto o direito ao trabalho (art. 6º), quanto o direito à proteção da relação de emprego contra despedida arbitrária ou sem justa causa (7º, I), estão submetidos à regra prevista no art. 5º, §1º, da Constituição Federal, na medida em tratam de típicos direitos sociais (direitos fundamentais de 2ª geração) e não existe fundamento fático ou jurídico plausível - convincente justificação - para negar a aplicação imediata e fazer da regra uma exceção.

Em consequência, e a partir do que foi exposto, podemos aplicar de imediato o art. 7º, I, da Constituição Federal de 1988, de forma que os empregadores, em regra, não podem despedir seus empregados, salvo quando caracterizada falta grave tipificada no art. 482 da CLT ou outro motivo não arbitrário, a ser aferido a partir de necessária motivação e com base nas circunstâncias do caso concreto.

Com a devida vênia, parecem equivocados os doutrinadores que atribuem eficácia limitada da norma prevista no art. 7º, I, da Constituição Federal, inibindo a sua aplicação nos casos concretos, na medida em que o dispositivo está apto e pronto para ser aplicado de imediato, a partir, evidentemente, de uma exegese mais coerente com as diretrizes constitucionais.

2.4. O ART. 7º, I, DA CONSTITUIÇÃO FEDERAL DE 1988 ENQUANTO NORMA DE EFICÁCIA PLENA OU CONTIDA

Não obstante o entendimento majoritário ser favorável à tese da eficácia limitada ou da não autoexecutoriedade do art. 7º, I, da Constituição Federal de 1988, há valorosos doutrinadores defendendo a sua aplicabilidade direta e imediata, a partir da constatação de que a norma em tela, ao menos na sua primeira parte, dispensa mecanismos de aplicação a serem ditados pelo Poder Legislativo.

De fato, decompondo a norma constitucional em duas partes, extraímos da primeira um comando de proteção da relação de emprego que é dirigido a todos - particulares e Estado. Isso significa, na prática, e em razão da força normativa e vinculante do art. 7º, I, da Constituição Federal de 1988, que nem os empregadores nem o Estado, por seus Poderes Executivo, Legislativo e Judiciário, podem praticar ou editar atos que materializem, facilitem ou induzam despedidas arbitrárias ou sem justa causa, já que o próprio constituinte de 1988 cuidou de classificá-las como antijurídicas.

Da segunda parte extraímos a prerrogativa de o Poder Legislativo, observando o conteúdo essencial da primeira, implementar outros e novos mecanismos e direitos, inclusive a título indenizatório, que aumentem os direitos dos trabalhadores em prol da melhoria das respectivas condições sociais.

Isso significa, na prática, que o dispositivo, embora não detalhe todos os direitos e mecanismos de proteção, bem como todas as consequências de seu descumprimento, permite e é suficientemente claro para impor pelo menos a nulidade, por inconstitucionalidade, das despedidas arbitrárias e sem justa causa, permitindo, com isso, a invalidação destas.

Assim, classificando o dispositivo constitucional em estudo como norma de eficácia plena ou contida[16], podemos conferir máxima efetividade independentemente de qualquer legislação complementar e superar os entraves apontados pela corrente majoritária, rechaçando as despedidas arbitrárias ou sem justa causa.

Jorge Luiz Souto Maior (2004), no particular, destaca "que o preceito não suscita qualquer dúvida de que a proteção contra dispensa arbitrária ou sem justa causa trata-se de uma garantia constitucional dos trabalhadores". Segundo o autor, o que depende de lei complementar é a mera complementação, que diz respeito aos efeitos do descumprimento da garantia constitucional. Em consequência, "a dispensa que não for fundada

16. Conforme o José Afonso da Silva, tanto as normas de eficácia plena quanto as de eficácia contida incidem direta e imediatamente sobre os interesses que o constituinte quis dar expressão normativa. Assim, normas de eficácia plena "são de aplicabilidade imediata, porque dotadas de todos os meios e elementos necessários à sua executoriedade. No dizer clássico, são auto-aplicáveis" (2007, p. 101-102). Já as normas de eficácia contida "são aquelas em que o legislador constituinte regulou suficientemente os interesses relativos a determinada matéria, mas deixou margem à atuação restritiva por parte da competência discricionária do Poder Público, nos termos que a lei estabelecer ou nos termos de conceitos gerais nelas enunciados" (2007, p. 116).

em justa causa, nos termos do art. 482, da CLT, terá que, necessariamente, ser embasada em algum motivo, sob pena de ser considerada arbitrária".

Tratando dessa questão, Noemia Porto (2011, p. 82) defende que o art. 7º, I, da Constituição deve ser aplicado integral e consistentemente, "notadamente quanto à proteção à pessoa que trabalha e às possibilidades que devem ser construídas acerca da melhoria da sua condição social".

No mesmo sentido, Valdete Souto Severo (2011, p. 196-197) sustenta que:

> O direito fundamental a uma relação de emprego protegida contra a despedida arbitrária esvazia-se, se condicionarmos seu exercício a uma atuação legislativa desnecessária, porque terá de dizer o óbvio. Ora, mesmo sob a perspectiva da eficácia indireta dos direitos fundamentais, a doutrina é unânime em reconhecer a necessidade de conformação do sistema jurídico às normas constitucionais. Logo, seria inconstitucional qualquer legislação que propusesse a ausência do dever de motivação do ato de denúncia do contrato. A lei, a ser editada a partir da ordem contida no inciso antes referido, terá necessariamente que disciplinar os motivos da despedida lícita e as consequências da perda do emprego. Ou seja, explicitar o dever já contido no dispositivo constitucional.

Em outra obra, a autora defende que o art. 7º, I, da Constituição Federal consagrou o princípio da motivação dos atos de denúncia, como "expressão da finalidade social do contrato (que, por sua vez, decorre da noção de proteção – continuidade, que informa a relação de trabalho)", cabendo ao intérprete maximizar seus efeitos e aplicá-lo de imediato, tendo como parâmetros os fins sociais do contrato de emprego e a boa-fé objetiva. Assim, segundo a autora, "a denúncia vazia do contrato, até então permitida pela CLT, é substituída (em face da nova racionalidade pautada pela solidariedade) pelo princípio da motivação do ato de denúncia (e, por consequência, pela coibição da denúncia sem justa causa ou arbitrária)" (2009, p. 242).

Com base na imperatividade das normas constitucionais, Biannka Jabrayan Scmidt (2010, p. 220-221) afirma que "nenhum óbice haveria de se sobrepor à concreção do direito previsto pelo art. 7º, I, da Carta da República, cuja incidência direta sobre as relações jurídicas se afiguraria decorrência, aliás, da força normativa da Constituição". Assim, e até mesmo em razão da natureza fundamental da norma, se a Constituição Federal "estabelece em favor do trabalhador, como direito social, fundamental, proteção do emprego contra dispensa arbitrária ou sem justa causa, assim deve ser. E mais, há de ser independentemente do advento da lei complementar". Em consequência, "a garantia constitucional, para incidir imediatamente nas relações jurídicas, prescindiria de regulamentação, o que também decorreria da eficácia objetiva dos direitos fundamentais, os quais, na atual fase do constitucionalismo, espraiam-se às relações privadas".

Por outro lado, há quem sustente que a mora do Poder Legislativo em regulamentar o art. 7º, I, da Constituição Federal, aliada a força normativa da Constituição e a necessidade de máxima efetividade, transformariam o dispositivo em uma norma de eficácia plena e imediata. Essa foi, inclusive, a tese que prevaleceu nos debates da 1ª Jornada de Direito Material e Processual na Justiça do Trabalho[17], realizada pela Associação Nacional dos Magistrados da Justiça do Trabalho - ANAMATRA, Tribunal Superior do Trabalho - TST, Escola Nacional de Formação e Aperfeiçoamento de Magistrados - ENAMAT e pelo Conselho Nacional das Escolas de Magistratura do Trabalho - CONEMATRA.

Maurício Godinho Delgado (2011, p. 1064-1065), por sua vez, defende a eficácia contida do art. 7º, I. Conforme o autor, a corrente majoritária (ao defender a dispensa como direito potestativo empresarial) se coloca em franco questionamento e

17. Enunciado n.º 2. DIREITOS FUNDAMENTAIS – FORÇA NORMATIVA. I – ART. 7º, INC. I, DA CONSTITUIÇÃO DA REPÚBLICA. EFICÁCIA PLENA. FORÇA NORMATIVA DA CONSTITUIÇÃO. DIMENSÃO OBJETIVA DOS DIREITOS FUNDAMENTAIS E DEVER DE PROTEÇÃO. A omissão legislativa impõe a atuação do Poder Judiciário na efetivação da norma constitucional, garantindo aos trabalhadores a efetiva proteção contra a dispensa arbitrária.

desgaste jurídico diante do pacto juspolítico materializado na Constituição Federal de 1988, que confere relevância jurídica ao princípio da continuidade da relação empregatícia e repele a dispensa arbitrária, ou seja, carente de fundamentação minimamente relevante ou socialmente aceitável. Em consequência, o art. 7º, I, tem como efeito jurídico básico "invalidar as dispensas baseadas no simples exercício potestativo da vontade empresarial, sem um mínimo de justificativa socioeconômica ou técnica ou até mesmo pessoal em face do trabalhador envolvido".

No mesmo sentido, José Afonso da Silva (2012, p. 193) sustenta que "a garantia do emprego é um direito por si bastante, nos termos da Constituição – ou seja, a norma do art. 7º, I, é por si só suficiente para gerar o direito nela previsto". Para o autor, a norma em tela é de eficácia contida, tendo aplicabilidade imediata.

Assim, também podemos considerar o art. 7º, I, da Constituição Federal de 1988 uma norma de aplicabilidade direta e imediata, a partir de sua classificação como norma de eficácia plena ou contida, exigindo-se, portanto, fundamentação minimamente relevante ou socialmente aceitável para a validade das despedidas, independentemente da edição de qualquer lei complementar.

2.5. APLICABILIDADE DAS NORMAS CONSTITUCIONAIS SOBRE JUSTIÇA SOCIAL, CONFORME CELSO ANTÔNIO BANDEIRA DE MELLO

Em estudo sobre a eficácia das normas constitucionais que tratam dos direitos sociais[18], Celso Antônio Bandeira de Mello apresentou uma nova proposta de classificação, com vistas à aplicação mais ampla dos comandos sobre justiça social a partir da imediata geração de direitos subjetivos[19].

18. **Eficácia das normas constitucionais e direitos sociais.** 1. ed. 2. tir. São Paulo: Malheiros, 2010.

19. Nesta obra as normas constitucionais são classificadas em dois grandes grupos: I. Normas constitucionais que expressam "finalidade a ser cumprida obrigatoriamente pelo Poder Público, sem apontar os meios a serem adotados para atingi-la, isto é, sem indicar as

Partindo da premissa de que a Constituição não é um simples ideário (mas transformação dele), nem apenas uma expressão de anseios, aspirações e propósitos, afirma, com base na sua força jurídica vinculante, que suas regras são impositivas e obrigatórias para todos (*órgãos do Poder e cidadãos*). Para o autor, todos devem obediência à Constituição, de forma que "sujeito algum, ocupe a posição que ocupar, pode praticar ato – geral ou individual, abstrato ou concreto – em descompasso com a Constituição sem que tal ato seja nulo, e da mais grave nulidade, por implicar ofensa ao regramento de escalão máximo" (2010, p. 11-12).

Em linhas gerais, o autor defende, com base na força jurídica vinculante das Constituições, que as respectivas normas, mesmo aquelas que não asseguram o desfrute positivo de um benefício ou bem da vida, "proporcionam, entretanto, empecer comportamentos antinômicos ao estatuído" (2010, p. 15). Em outras palavras, conferem, de imediato, direito de resistência ou oposição judicial "ao cumprimento de regras ou à prática de comportamentos que o atinjam, se forem contrários ao *sentido* do preceito constitucional" (2010, p. 25, com destaque acrescido).

Considerando que algumas normas "delimitam aproximativamente o conteúdo do direito, porque a dicção constitucional vale-se de expressões elásticas, isto é, de significado algo fluido, altanto impreciso", o autor fixa como parâmetro relevante o seu sentido, significado ou âmbito significativo. Com isso,

condutas específicas que satisfariam o bem jurídico consagrado na regra" (2010, p. 24), e II. Normas que outorgam direitos suscetíveis de serem imediatamente desfrutáveis e exigíveis, que contemplam: a) as normas que outorgam "poderes-direitos", cujo bem jurídico é protegido e desfrutável em si mesmo, independentemente de relação jurídica prévia e de prestação alheia, mas dependente, em regra, da abstenção (omissão) de outrem. "Os titulares destes 'poderes-direitos' não necessitam que alguém lhes preste algo, mas, pelo contrário, só necessitam que outrem não os embarace, não os turbe. Isto é, requerem, para seu gozo e exercício, um comportamento omissivo de terceiros". Como exemplo, o autor cita o "direito de ir e vir", o "direito de inviolabilidade do domicílio", o "direito de propriedade", o "direito de livre comércio", entre outros (2010, p. 22-23); e b) normas que outorgam direito em sentido estrito, cuja fruição do bem jurídico depende de prestação alheia, objeto de uma relação jurídica. "Tal direito de fruição, para ocorrer, depende de que a norma constitucional haja desenhado uma conduta de outrem (geralmente do Estado) em termos que permita reconhecer qual o comportamento específico deste terceiro capaz de dar concreta satisfação à utilidade deferida ao administrado" (2010, p. 23).

"desde o instante em que reconhecível um significado central, incontrovertível, da palavra, nenhuma razão existe para diferir a aplicação do preceito para o instante em que norma ulterior venha recortar o campo de suas fronteiras mais estendidas" (2010, p. 26-27).

Embora reconheça a existência de situações fronteiriças ou penumbrosas – onde proliferam incertezas e é pertinente a delimitação legislativa do alcance –, entende que tal não é suficiente para paralisar completamente a norma, a ponto de impedir a fruição de direitos subjetivos.

Por outro lado, fora das "áreas brumorosas" há "áreas de inquestionável certeza sobre o cabimento do conceito", pelo que conclui que "a imprecisão ou fluidez das palavras constitucionais não lhes retiram a imediata aplicabilidade dentro do campo induvidoso de sua significação. Supor a necessidade de lei para delimitar este campo implicaria outorgar à lei mais força que à Constituição" (2010, p. 28).

Desse modo, afirma que se for possível extrair o conteúdo ou a induvidosa significação das normas, ainda que algumas palavras sejam fluidas ou imprecisas, não haverá razão plausível para negar o cumprimento da vontade constitucional. Entendimento contrário, segundo o autor, decorrerá de "posição ideológica, autoritária, às vezes inconsciente de que nada mais representa, senão reminiscência de um autocratismo privilegiador do Estado, mera reverberação enaltecedora de prerrogativas regalengas" (2010, p. 29).

Traçadas essas premissas, o autor passa a analisar o conteúdo afeto ao tema "Justiça Social" no âmbito da Constituição Federal (arts. 6º, 7º, 170 e 193, entre outros) e, em relação ao que toca ao objeto desta dissertação, afirma que o art. 170 da Constituição Federal é "uma fonte de *direito subjetivo* para o trabalhador. Quer dizer, qualquer ato, normativo ou concreto, que traduza desrespeito à valorização do trabalho será inconstitucional e estará, desde logo, transgredindo um direito de todos e de cada um dos indivíduos atingidos" (2010, p. 37, com destaques acrescidos).

Nesse contexto, os trabalhadores podem questionar judicialmente qualquer ato que importe em desvalorização do trabalho humano, já que o núcleo significativo do *caput* do art. 170 da Constituição Federal de 1988 é estreme de dúvidas[20]: impõe a todos a "valorização do trabalho humano".

Pois bem. Aplicando essa teoria ao art. 7º, I, da Constituição Federal podemos concretizar a proteção da relação de emprego contra a despedida arbitrária ou sem justa causa, conferindo-lhe máxima efetividade independentemente de qualquer legislação complementar.

Dissecando o dispositivo, podemos afirmar que a utilidade a ser fruída pelo empregado é a continuidade da relação de emprego (a partir da proteção da relação de emprego contra despedida arbitrária ou sem justa causa), o que, em contrapartida, impõe ao empregador uma obrigação de não fazer (abster-se de despedir o empregado, salvo por justa causa ou outro motivo não arbitrário). A partir daí, extraímos o respectivo conteúdo (ou sua induvidosa significação), que é a proibição de despedidas arbitrárias ou sem justa causa.

Essa construção, embora não desperte dúvidas em relação às hipóteses legais de justa causa catalogadas no art. 482 da CLT (dispositivo repleto de conceitos abertos e fluidos), pode, evidentemente, ensejar impugnação sob a alegação de que o significado e o alcance da expressão "arbitrária" não estão bem delimitados no art. 7º, I, da Constituição Federal. No entanto, como a expressão "arbitrário" não tem conceito vago nem inapreensível, tal questionamento é facilmente rechaçado.

Ora, embora exista, de fato, uma *região fluida* na expressão "arbitrária", há vastos campos densos de conteúdo significativo, centrais e periféricos[21], onde há plena certeza do que é e do

20. Destaca o autor que "é puramente ideológica – e não científica – a suposição de que este preceito necessitaria de ulteriores especificações para embasar oposição a atos descompassados com tal mandamento. Nem se diga que está em pauta conceito vago, fluido, impreciso e, por isso, carente de especificação legal" (2010, p. 37).

21. É dizer, segundo o autor: "há um limite dentro do qual não se poderá duvidar do uso próprio e pertinente da palavra e também um limite a partir do qual não se poderá duvidar

que não é "arbitrário", respectivamente. Parafraseando o autor, podemos acrescentar, ainda, que a expressão "*arbitrária*" *não é* "cabalística, de ocultismo, pertencente ao reino das coisas que escapam à compreensão humana". Aliás, se o fora, o Texto Maior não a haveria mencionado. Trata-se, pois, de noção acessível à mente humana" (2010, p. 50-51).

Desse modo, negar aplicação imediata ao disposto no art. 7º, I, da Constituição Federal é considerá-lo sem valor algum, transformando a exceção (dúvida sobre o que é "arbitrário") em regra (completa incompreensão do conceito de "arbitrário"). Esse enfoque sobre a questão, *data venia*, não parece adequado, tendo em vista que a amplitude da dúvida ou incerteza é infinitamente menor (exceção) que a dimensão da certeza (regra) sobre o que é e o que não é arbitrário.

Portanto, e a partir da teoria desenvolvida por Celso Antônio Bandeira de Mello, podemos aplicar de imediato o art. 7º, I, da Constituição Federal de 1988, de forma que os empregadores, em regra, não podem despedir seus empregados. Excepcionalmente poderão fazê-lo, desde que de forma motivada e quando caracterizada falta grave tipificada no art. 482 da CLT (ensejadora da pena máxima de despedida por justa causa) ou outro motivo que não seja arbitrário (a ser aferido a partir das circunstâncias do caso concreto em confronto com o contexto constitucional).

2.6. A EFICÁCIA HORIZONTAL DOS DIREITOS FUNDAMENTAIS

Rechaçando a concepção liberal-burguesa dos direitos – típica do Estado liberal (não interventor), a Constituição Federal de 1988 optou pelo modelo de Estado social[22], valorizando a participação da sociedade nas organizações e processos

do uso impróprio e abusivo" (2010, p. 51).

22. Conforme Paulo Bonavides (2006, p. 378), "o Estado social no Brasil aí está para produzir as condições e os pressupostos reais e fáticos indispensáveis ao exercício dos direitos fundamentais".

de decisão (viés democrático) e a concretização dos direitos fundamentais.

De acordo com Luís Roberto Barroso (2011, p. 81-82), houve a superação do liberalismo puro pelo intervencionismo estatal, bem assim a superação da doutrina individualista e voluntarista que pregavam a hegemonia do direito privado, da livre iniciativa, da autonomia da vontade, da liberdade de contratar e do direito de propriedade. Vários princípios de ordem pública passaram a limitar a liberdade individual e o primado da vontade, a exemplo da relativização do direito de propriedade, fruto da crescente conscientização social em relação aos direitos fundamentais. Nesse contexto, segundo o autor, "a Constituição já não é apenas o documento maior do direito público, mas o centro de todo o sistema jurídico, irradiando seus valores e conferindo-lhe unidade".

Para Salvador Franco de Lima Laurino (2010, p. 50), "a Constituição passou a ser um modo de olhar e interpretar todos os demais ramos do Direito. É o que se chama de filtragem constitucional, uma abordagem por meio da qual toda a ordem jurídica passa a ser lida e apreendida sob a lente da Constituição".

Assim, e conforme Ingo Wolfgang Sarlet (2011a, p. 379), a Constituição é "o marco para a reconstrução do direito privado mais social e preocupado com os atores sociais mais vulneráveis, de tal sorte que a Constituição atua simultaneamente como garantia e limite do direito privado".

Nesse sentido, sustenta Luiz Guilherme Marinoni (2011, p. 74) que "a norma de direito fundamental, ao instituir valor, e assim influir sobre a vida social e política, além de tratar das relações entre os sujeitos privados e o Estado, regula as relações que se travam apenas entre os particulares".

Fredie Didier Jr. (2009, p. 30), no particular, destaca a moldura 'axiológica' (de índole eminentemente intervencionista e social) da Constituição Federal de 1988, que "admite ampla vinculação dos particulares aos direitos fundamentais nela erigidos, de modo que não só o Estado como toda sociedade podem ser sujeitos passivos desses direitos".

É, portanto, no contexto do Estado social, em prol da efetiva proteção dos fracos e desfavorecidos, que os direitos fundamentais, originalmente pensados para regular as relações entre os cidadãos e o Estado (eficácia vertical[23]), passaram a irradiar efeitos nas relações entre os particulares (eficácia horizontal[24]), limitando regras e princípios então dominantes, como autonomia da vontade privada, liberdade negocial, propriedade privada e *pacta sunt servanda*, características marcantes do Estado liberal[25].

No Estado social, conforme Ingo Wolfgang Sarlet (2011a, p. 377), "a sociedade cada vez mais participa ativamente do exercício do poder, de tal sorte que a liberdade individual não apenas carece de proteção contra os Poderes públicos, mas também contra os mais fortes no âmbito da sociedade". Refere-se o autor, no particular, aos detentores de poder social e econômico, que provocam, na esfera privada, situações de desigualdade. Em consequência, o autor sustenta que

> não podem ser toleradas discriminações ou agressões à liberdade individual que atentem contra o conteúdo em dignidade da pessoa humana dos direitos fundamentais, zelando-se, de qualquer modo, pelo equilíbrio entre esses valores e os princípios da autonomia privada e da liberdade negocial e geral, que, por sua vez, não podem ser completamente destruídos. (2011a, p. 379)

---

23. Conforme Gilmar Ferreira Mendes (2004, p. 114-115), os direitos fundamentais foram originalmente concebidos para regular as relações entre os cidadãos e o Estado, vinculando e obrigando a todos os Poderes do Estado, em qualquer esfera. Entretanto, a aplicação ou eficácia dos direitos fundamentais nas relações privadas é tema discutido nos diversos sistemas jurídicos, recebendo influência da doutrina alemã da *Drittwirkung* e da americana, *state action*.
24. De logo, e a partir das lições de Ingo Wolfgang Sarlet (2011a, p. 377), cumpre esclarecer que não há dúvidas na vinculação dos particulares aos direitos fundamentais que, por sua essência, estão dirigidos diretamente a eles, como ocorre com diversos dos direitos sociais, de modo especial no que diz com os direitos dos trabalhadores que têm por destinatário os empregadores, em regra, particulares.
25. Tais características geravam injustiças, na medida em que "Entre o forte e o fraco, entre o rico e o pobre, entre o servo e o senhor, a liberdade escraviza, é a lei que liberta" (Henri Dominique Lacordaire – 1802/1861).

Segundo José Antônio Peres Gediel (2010, p 150), a vinculação dos particulares aos direitos fundamentais ou eficácia horizontal dos direitos fundamentais "é exigência do projeto político e da normatividade constitucional assumidos pela sociedade brasileira em 1988". Nesse contexto, "a atividade econômica, como expressão e exercício da livre iniciativa, da propriedade privada e da livre disposição dos bens individualmente apropriados, só se torna possível ao se apresentar conformada pelo respeito à dignidade humana e pelos direitos fundamentais".

Com isso, podemos afirmar que os princípios e direitos fundamentais passaram a influenciar e condicionar a interpretação dos institutos do direito privado, inclusive do direito do trabalho, impondo limites às chamadas liberdades públicas (direitos fundamentais de primeira dimensão) por influência de valores e princípios constitucionais igualmente fundamentais, como a dignidade da pessoa humana e a função social da propriedade (relativização do direito de propriedade).

Os direitos fundamentais, nesse contexto, também passaram a influenciar e equilibrar a relação de emprego, caracterizada, em especial, pela hipossuficiência e assimetria decorrente da subordinação jurídica do trabalhador ao poder diretivo patronal. Assim, a harmonização dos conflitos de interesse existentes entre o capital e o trabalho deve observar, necessariamente, os direitos fundamentais[26], sob pena de se inviabilizar o desenvol-

26. Há precedente de 1996 em tema trabalhista no âmbito do Supremo Tribunal Federal. Trata-se do RE 161243, relatado pelo Min. Carlos Velloso, cujo acórdão tem a seguinte ementa: "CONSTITUCIONAL. TRABALHO. PRINCÍPIO DA IGUALDADE. TRABALHADOR BRASILEIRO EMPREGADO DE EMPRESA ESTRANGEIRA: ESTATUTOS DO PESSOAL DESTA: APLICABILIDADE AO TRABALHADOR ESTRANGEIRO E AO TRABALHADOR BRASILEIRO. C.F., 1967, art. 153, § 1º; C.F., 1988, art. 5º, caput. I. - Ao recorrente, por não ser francês, não obstante trabalhar para a empresa francesa, no Brasil, não foi aplicado o Estatuto do Pessoal da Empresa, que concede vantagens aos empregados, cuja aplicabilidade seria restrita ao empregado de nacionalidade francesa. Ofensa ao princípio da igualdade: C.F., 1967, art. 153, § 1º; C.F., 1988, art. 5º, caput). II. - A discriminação que se baseia em atributo, qualidade, nota intrínseca ou extrínseca do indivíduo, como o sexo, a raça, a nacionalidade, o credo religioso, etc., é inconstitucional. Precedente do STF: Ag 110.846(AgRg)-PR, Célio Borja, RTJ 119/465. III. - Fatores que autorizariam a desigualização não ocorrentes no caso. IV. - R.E. conhecido e provido".

vimento econômico e social e, em última instância, o próprio programa social-democrático e emancipador da Constituição Federal de 1988.

Ocorre, no entanto, que ainda tem prevalecido uma visão liberal e individualista, com a valorização da livre iniciativa e do poder diretivo do empregador em detrimento da função social da empresa, do direito fundamental ao pleno emprego e da continuidade da respectiva relação, restringindo a eficácia horizontal dos direitos fundamentais, com crise para a normatividade da Constituição.

A aplicação da teoria da eficácia horizontal dos direitos fundamentais no âmbito trabalhista ainda é incipiente, sendo frequentes os casos de danos morais e assédio moral em decorrência de atentados e violações à intimidade e privacidade dos trabalhadores por meio medidas abusivas, tais como: revistas pessoais (em bolsas, objetos, veículos, espaços reservados, etc.), limitação de idas ao banheiro durante a jornada, proibição de casamento com pessoas da mesma empresa ou da concorrente, entre outras. Também são frequentes práticas discriminatórias e preconceituosas fundadas em crença religiosa, opção sexual, ideologia política ou mesmo forma de apresentação (vestuário, corte de cabelo, uso de barba, tatuagens, *piercing*, etc).

No que toca ao objeto da presente pesquisa – proteção da relação de emprego contra despedida arbitrária ou sem justa causa (art. 7º, I) – a teoria da eficácia horizontal dos direitos fundamentais pode ser aplicada de forma ampla e direta, conferindo máxima efetividade ao dispositivo constitucional independentemente da edição da lei complementar referida, já que o excesso de discricionariedade do empregador representa, na prática, negação da cidadania e da própria dignidade da pessoa humana, diante da excessiva vulnerabilidade que impõe ao trabalhador.

Representa, ainda, deliberado descumprimento da probidade, boa-fé objetiva e da função social dos contratos, em violação aos arts. 421 e seguintes do Código Civil, plenamente compatíveis e aplicáveis ao direito do trabalho em razão do princípio da proteção e da necessidade de amenizar os efeitos prejudiciais da hipossuficiência e assimetria, típicas do contrato de emprego.

Assim, sendo o emprego o bem maior – muitas vezes o único – do trabalhador, podemos afirmar, com base na teoria da eficácia horizontal dos direitos fundamentais, que a sua perda deve observar os direitos fundamentais do devido processo legal, contraditório e ampla defesa, na forma do art. 5º, LIV e LV, da Constituição Federal[27], providência adequada e necessária

27. Nesse particular, o Supremo Tribunal Federal, em precedente paradigmático, já decidiu pela aplicação do devido processo legal, contraditório e ampla defesa no âmbito privado. Trata-se do RE 201819, que teve a Min. Ellen Gracie como relatora e o Min. Gilmar Mendes como redator do acórdão, cuja ementa é a seguinte: "SOCIEDADE CIVIL SEM FINS LUCRATIVOS. UNIÃO BRASILEIRA DE COMPOSITORES. EXCLUSÃO DE SÓCIO SEM GARANTIA DA AMPLA DEFESA E DO CONTRADITÓRIO. EFICÁCIA DOS DIREITOS FUNDAMENTAIS NAS RELAÇÕES PRIVADAS. RECURSO DESPROVIDO. I. EFICÁCIA DOS DIREITOS FUNDAMENTAIS NAS RELAÇÕES PRIVADAS. As violações a direitos fundamentais não ocorrem somente no âmbito das relações entre o cidadão e o Estado, mas igualmente nas relações travadas entre pessoas físicas e jurídicas de direito privado. Assim, os direitos fundamentais assegurados pela Constituição vinculam diretamente não apenas os poderes públicos, estando direcionados também à proteção dos particulares em face dos poderes privados. II. OS PRINCÍPIOS CONSTITUCIONAIS COMO LIMITES À AUTONOMIA PRIVADA DAS ASSOCIAÇÕES. A ordem jurídico-constitucional brasileira não conferiu a qualquer associação civil a possibilidade de agir à revelia dos princípios inscritos nas leis e, em especial, dos postulados que têm por fundamento direto o próprio texto da Constituição da República, notadamente em tema de proteção às liberdades e garantias fundamentais. O espaço de autonomia privada garantido pela Constituição às associações não está imune à incidência dos princípios constitucionais que asseguram o respeito aos direitos fundamentais de seus associados. A autonomia privada, que encontra claras limitações de ordem jurídica, não pode ser exercida em detrimento ou com desrespeito aos direitos e garantias de terceiros, especialmente aqueles positivados em sede constitucional, pois a autonomia da vontade não confere aos particulares, no domínio de sua incidência e atuação, o poder de transgredir ou de ignorar as restrições postas e definidas pela própria Constituição, cuja eficácia e força normativa também se impõem, aos particulares, no âmbito de suas relações privadas, em tema de liberdades fundamentais. III. SOCIEDADE CIVIL SEM FINS LUCRATIVOS. ENTIDADE QUE INTEGRA ESPAÇO PÚBLICO, AINDA QUE NÃO-ESTATAL. ATIVIDADE DE CARÁTER PÚBLICO. EXCLUSÃO DE SÓCIO SEM GARANTIA DO DEVIDO PROCESSO LEGAL. APLICAÇÃO DIRETA DOS DIREITOS FUNDAMENTAIS À AMPLA DEFESA E AO CONTRADITÓRIO. As associações privadas que exercem função predominante em determinado âmbito econômico e/ou social, mantendo seus associados em relações de dependência econômica e/ou social, integram o que se pode denominar de espaço público, ainda que não-estatal. A União Brasileira de Compositores - UBC, sociedade civil sem fins lucrativos, integra a estrutura do ECAD e, portanto, assume posição privilegiada para determinar a extensão do gozo e fruição dos direitos autorais de seus associados. A exclusão de sócio do quadro social da UBC, sem qualquer garantia de ampla defesa, do contraditório, ou do devido processo constitucional, onera consideravelmente o recorrido, o qual fica impossibilitado de perceber os direitos autorais relativos à

para o fim de coibir despedidas manifestamente arbitrárias ou sem qualquer motivo socialmente válido e aceitável, que violam a própria dignidade da pessoa humana, direito igualmente fundamental.

A despedida absolutamente imotivada, como defende parcela substancial da doutrina brasileira, representa, na verdade, uma afronta à civilidade e cidadania no trabalho, comprometendo a própria dignidade do trabalhador, que passa a ser encarado como fator produtivo de fácil descarte pelo empregador, dificultando, inclusive, o direito fundamental à tutela judicial efetiva.

Urge, para tanto, e como consequência do próprio devido processo legal, que também seja observado nas despedidas o direito fundamental à informação (art. 5º, XIV), de maneira a que o trabalhador tenha ciência exata sobre o respectivo motivo e possa, com isso, apresentar os esclarecimentos e questionamentos necessários, inclusive judicialmente, caso repute arbitrária ou sem justa causa.

É imprescindível, portanto, o respeito aos direitos fundamentais dos trabalhadores, inclusive daqueles que não são dirigidos especificamente aos particulares, já que o Brasil, enquanto Estado Democrático de Direito, tem entre seus fundamentos a cidadania, a dignidade da pessoa humana, os valores sociais do trabalho e da livre iniciativa e pretende assegurar aos trabalhadores a proteção da relação de emprego contra despedida arbitrária ou sem justa causa, entre outros direitos que visam à melhoria de sua condição social.

Entendimento contrário levaria a conclusão de que a Constituição Federal de 1988 autoriza despedidas desmedidas e des-

---

execução de suas obras. A vedação das garantias constitucionais do devido processo legal acaba por restringir a própria liberdade de exercício profissional do sócio. O caráter público da atividade exercida pela sociedade e a dependência do vínculo associativo para o exercício profissional de seus sócios legitimam, no caso concreto, a aplicação direta dos direitos fundamentais concernentes ao devido processo legal, ao contraditório e à ampla defesa (art. 5º, LIV e LV, CF/88). IV. RECURSO EXTRAORDINÁRIO DESPROVIDO".

propositadas, inclusive por mero capricho do empregador ou ainda por motivo irrelevante ou inexistente. Levaria, ainda, a um nefasto retrocesso social fundado na substituição do regime de estabilidade celetista (arts. 492 e seguintes da CLT) por uma indenização (art. 10 do ADCT), prática mercantilista que não se amolda aos ditames de valorização do trabalho e da centralidade da pessoa do trabalhador.

Assim, partindo da premissa de que nenhum direito é absoluto, podemos afirmar, desde já, que o poder diretivo do empregador não assegura discricionariedade ampla e irrestrita para despedir os empregados, já que estes têm direito fundamental ao trabalho (e a continuidade da respectiva relação) e a ordem econômica (em que se insere a atividade empresarial) tem como princípios a função social da empresa e a busca do pleno emprego.

Podemos afirmar, com base na teoria da eficácia horizontal dos direitos fundamentais, que o ato de despedida do empregado deve ser motivado e assegurar ao trabalhador o devido processo legal substancial, com o contraditório e a ampla defesa, pressupostos necessários e indispensáveis para que seja assegurada a dignidade da pessoa humana. Em consequência, a despedida deve obedecer aos ditames do art. 5º, XIV LIV e LV.

2.7. A DESPEDIDA ARBITRÁRIA E SEM JUSTA CAUSA NO DIREITO INTERNACIONAL DO TRABALHO

Desde a fundação da OIT - Organização Internacional do Trabalho, no contexto do Tratado de Versalhes em 1919, o direito internacional do trabalho vem traçando diretrizes e estabelecendo condições mínimas de proteção ao trabalho para implementação pelos Estados-Membros, tanto sob a forma de convenções quanto recomendações e declarações, resoluções e códigos de prática.

Diante do fenômeno da globalização, com o desenvolvimento e expansão do comércio internacional, a interdependência das economias nacionais e a concorrência internacional afetando negativamente aspectos vitais do trabalho e emprego, o direito internacional do trabalho cumpre um relevante papel social ao defender o reconhecimento dos direitos fundamentais no trabalho e combater a exploração e a submissão dos trabalhadores a condições desumanas, bem como a precarização e flexibilização de direitos trabalhistas.

É, portanto, nesse contexto que o direito internacional do trabalho vem se firmando como relevante marco regulatório das relações trabalhistas, conciliando e equilibrando eficiência econômica com a proteção dos direitos fundamentais.

No que interessa diretamente ao objeto da presente pesquisa, o principal instrumento internacional é a Convenção n.º 158 da OIT - Organização Internacional do Trabalho, que trata do término da relação de trabalho por iniciativa do empregador. Aprovada na 68ª reunião da Conferência Internacional do Trabalho, realizada em Genebra no ano de 1982, entrou em vigor no plano internacional em 23 de novembro de 1985.

Sensível à vulnerabilidade do empregado no curso da relação de emprego e às adversidades oriundas da despedida, tendo em vista a privação do principal – e muitas vezes o único – meio de subsistência, entendeu a OIT - Organização Internacional do Trabalho que o desequilíbrio jurídico deve ser compensado com a exigência de motivação válida ("*justificação do término*") para a despedida do empregado por iniciativa do empregador.

Portanto, a Convenção n.º 158 da OIT - Organização Internacional do Trabalho harmoniza os interesses do capital com os do trabalho ao proteger os empregados das despedidas imotivadas e preservar a possibilidade de os empregadores rescindirem os contratos de emprego de forma motivada e a partir de uma causa justificada que tenha estrita e necessária relação com a capacidade e conduta do empregado ou os requisitos operacionais da empresa (motivos econômicos, tecnológicos estruturais ou análogos), tudo isso a ser apurado em procedimento específico.

No particular, a Convenção n.º 158 estabelece que "não se dará término à relação de trabalho de um trabalhador a menos que exista para isso uma causa justificada relacionada com sua capacidade ou seu comportamento ou baseada nas necessidades de funcionamento da empresa, estabelecimento ou serviço" (artigo 4). E mais, com o propósito de coibir abusos e equivocadas interpretações, constou na Convenção em tela um rol não taxativo de razões que não são consideradas válidas para a despedida do empregado[28].

Por outro lado, e além de atribuir ao empregador o ônus da prova da existência de causa justificada para a despedida (artigo 9), a Convenção n.º 158 também impõe a observância do contraditório e da ampla defesa nas despedidas cuja motivação tenha nexo com o comportamento ou desempenho do empregado, assegurando a possibilidade deste se defender das acusações, salvo se não for razoável (diante das circunstâncias do caso concreto) pedir ao empregador que lhe conceda essa possibilidade (artigo 7).

Nos casos em que a despedida é baseada em necessidades de funcionamento da empresa, estabelecimento ou serviço, essas relacionadas com motivos econômicos, tecnológicos, estruturais ou análogos, deverá o empregador assegurar as informações pertinentes aos empregados, incluindo os motivos dos términos previstos, o número e as categorias dos trabalhadores afetados e o período das despedidas, facultando-se aos representantes dos trabalhadores interessados a realização de consultas sobre

28. Artigo 5 - Entre os motivos que não constituirão causa justificada para o término da relação de trabalho constam os seguintes: a) a filiação a um sindicato ou a participação em atividades sindicais fora das horas de trabalho ou, com o consentimento de empregador, durante as horas de trabalho; b) ser candidato a representante dos trabalhadores ou atuar ou ter atuado nessa qualidade; c) apresentar uma queixa ou participar de um procedimento estabelecido contra um empregador por supostas violações de leis ou regulamentos, ou recorrer perante as autoridades administrativas competentes; d) a raça, a cor, o sexo, o estado civil, as responsabilidades familiares, a gravidez, a religião, as opiniões políticas, a ascendência nacional ou a origem social; e) a ausência do trabalho durante a licença-maternidade. Artigo 6 - A ausência temporal do trabalho por motivo de doença ou lesão não deverá constituir causa justificada de término da relação de trabalho. Essas hipóteses já estão expressamente positivadas no ordenamento jurídico brasileiro (art. 8º, VIII, da Constituição Federal de 1988, art. 10 do ADCT e Leis n.º 5.764/71, 8.213/91 e 9.029/95).

as medidas que deverão ser adotadas para evitar ou limitar os términos, bem como atenuar as consequências adversas.

Assim, ao exigir a motivação da dispensa e, com isso, facultar a sua valoração diante das circunstâncias do caso concreto, a Convenção n.º 158 facilita a investigação e identificação de eventuais despedidas discriminatórias e arbitrárias.

No Brasil, a referida Convenção foi submetida ao Congresso Nacional, que a aprovou por meio do Decreto Legislativo n.º 68, de 16 de setembro de 1992, tendo o Governo depositado a Carta de Ratificação em 05 de janeiro de 1995 e promulgado a ratificação através do Decreto n.º 1.855, de 10 de abril de 1996, quando, então, passou a integrar formalmente o ordenamento jurídico brasileiro[29].

29. Essa questão foi devidamente enfrentada e debatida na Ação Direta de Inconstitucionalidade n.º 1480, ajuizada em face da ratificação da Convenção n.º 158 pelo Brasil, conforme o seguinte trecho da ementa: "AÇÃO DIRETA DE INCONSTITUCIONALIDADE - CONVENÇÃO Nº 158/OIT - PROTEÇÃO DO TRABALHADOR CONTRA A DESPEDIDA ARBITRÁRIA OU SEM JUSTA CAUSA - ARGÜIÇÃO DE ILEGITIMIDADE CONSTITUCIONAL DOS ATOS QUE INCORPORARAM ESSA CONVENÇÃO INTERNACIONAL AO DIREITO POSITIVO INTERNO DO BRASIL (DECRETO LEGISLATIVO Nº 68/92 E DECRETO Nº 1.855/96) - POSSIBILIDADE DE CONTROLE ABSTRATO DE CONSTITUCIONALIDADE DE TRATADOS OU CONVENÇÕES INTERNACIONAIS EM FACE DA CONSTITUIÇÃO DA REPÚBLICA - ALEGADA TRANSGRESSÃO AO ART. 7º, I, DA CONSTITUIÇÃO DA REPÚBLICA E AO ART. 10, I DO ADCT/88 - REGULAMENTAÇÃO NORMATIVA DA PROTEÇÃO CONTRA A DESPEDIDA ARBITRÁRIA OU SEM JUSTA CAUSA, POSTA SOB RESERVA CONSTITUCIONAL DE LEI COMPLEMENTAR - CONSEQÜENTE IMPOSSIBILIDADE JURÍDICA DE TRATADO OU CONVENÇÃO INTERNACIONAL ATUAR COMO SUCEDÂNEO DA LEI COMPLEMENTAR EXIGIDA PELA CONSTITUIÇÃO (CF, ART. 7º, I) - CONSAGRAÇÃO CONSTITUCIONAL DA GARANTIA DE INDENIZAÇÃO COMPENSATÓRIA COMO EXPRESSÃO DA REAÇÃO ESTATAL À DEMISSÃO ARBITRÁRIA DO TRABALHADOR (CF, ART. 7º, I, C/C O ART. 10, I DO ADCT/88) - CONTEÚDO PROGRAMÁTICO DA CONVENÇÃO Nº 158/OIT, CUJA APLICABILIDADE DEPENDE DA AÇÃO NORMATIVA DO LEGISLADOR INTERNO DE CADA PAÍS - POSSIBILIDADE DE ADEQUAÇÃO DAS DIRETRIZES CONSTANTES DA CONVENÇÃO Nº 158/OIT ÀS EXIGÊNCIAS FORMAIS E MATERIAIS DO ESTATUTO CONSTITUCIONAL BRASILEIRO - PEDIDO DE MEDIDA CAUTELAR DEFERIDO, EM PARTE, MEDIANTE INTERPRETAÇÃO CONFORME À CONSTITUIÇÃO. PROCEDIMENTO CONSTITUCIONAL DE INCORPORAÇÃO DOS TRATADOS OU CONVENÇÕES INTERNACIONAIS. - É na Constituição da República - e não na controvérsia doutrinária que antagoniza monistas e dualistas - que se deve buscar a solução normativa para a questão da incorporação dos atos internacionais ao sistema de direito positivo interno brasileiro. O exame da vigente Constituição Federal permite constatar que a execução dos tratados internacionais e a sua incorporação à ordem jurídica interna decorrem, no sistema adotado pelo Brasil, de um ato subjetivamente complexo, resultante da conjugação de duas vontades homogêneas: a do Congresso Nacional, que resolve, definitivamente, mediante decreto legislativo, sobre tratados, acordos ou atos internacionais (CF, art. 49, I) e a do Presidente da República, que, além de poder celebrar esses atos de direito

Não obstante os inegáveis avanços das disposições da Convenção n.º 158 da OIT – Organização Internacional do Trabalho, foi impugnada perante o Supremo Tribunal Federal e denunciada unilateralmente pelo então Presidente da República, tudo isso ainda no ano de 1996.

No âmbito do Supremo Tribunal Federal, a ratificação da Convenção n.º 158 foi objeto da Ação Direta de Inconstitucionalidade n.º 1480, ajuizada pela Confederação Nacional da Indústria – CNI e Confederação Nacional do Transporte – CNT questionando a compatibilidade dos arts. 4º a 10 da Convenção com o art. 7º, I, da Constituição Federal de 1988 e o art. 10, I, do ADCT, com os seguintes argumentos: a) inconstitucionali-

internacional (CF, art. 84, VIII), também dispõe - enquanto Chefe de Estado que é - da competência para promulgá-los mediante decreto. O iter procedimental de incorporação dos tratados internacionais - superadas as fases prévias da celebração da convenção internacional, de sua aprovação congressional e da ratificação pelo Chefe de Estado - conclui-se com a expedição, pelo Presidente da República, de decreto, de cuja edição derivam três efeitos básicos que lhe são inerentes: (a) a promulgação do tratado internacional; (b) a publicação oficial de seu texto; e (c) a executoriedade do ato internacional, que passa, então, e somente então, a vincular e a obrigar no plano do direito positivo interno. Precedentes. SUBORDINAÇÃO NORMATIVA DOS TRATADOS INTERNACIONAIS À CONSTITUIÇÃO DA REPÚBLICA. - No sistema jurídico brasileiro, os tratados ou convenções internacionais estão hierarquicamente subordinados à autoridade normativa da Constituição da República. Em consequência, nenhum valor jurídico terão os tratados internacionais, que, incorporados ao sistema de direito positivo interno, transgredirem, formal ou materialmente, o texto da Carta Política. O exercício do treaty-making power, pelo Estado brasileiro - não obstante o polêmico art. 46 da Convenção de Viena sobre o Direito dos Tratados (ainda em curso de tramitação perante o Congresso Nacional) -, está sujeito à necessária observância das limitações jurídicas impostas pelo texto constitucional. CONTROLE DE CONSTITUCIONALIDADE DE TRATADOS INTERNACIONAIS NO SISTEMA JURÍDICO BRASILEIRO. - O Poder Judiciário - fundado na supremacia da Constituição da República - dispõe de competência, para, quer em sede de fiscalização abstrata, quer no âmbito do controle difuso, efetuar o exame de constitucionalidade dos tratados ou convenções internacionais já incorporadas ao sistema de direito positivo interno. Doutrina e Jurisprudência. PARIDADE NORMATIVA ENTRE ATOS INTERNACIONAIS E NORMAS INFRACONSTITUCIONAIS DE DIREITO INTERNO. - Os tratados ou convenções internacionais, uma vez regularmente incorporados ao direito interno, situam-se, no sistema jurídico brasileiro, nos mesmos planos de validade, de eficácia e de autoridade em que se posicionam as leis ordinárias, havendo, em consequência, entre estas e os atos de direito internacional público, mera relação de paridade normativa. Precedentes. No sistema jurídico brasileiro, os atos internacionais não dispõem de primazia hierárquica sobre as normas de direito interno. A eventual precedência dos tratados ou convenções internacionais sobre as regras infraconstitucionais de direito interno somente se justificará quando a situação de antinomia com o ordenamento doméstico impuser, para a solução do conflito, a aplicação alternativa do critério cronológico ("lex posterior derogat priori") ou, quando cabível, do critério da especialidade. Precedentes".

dade formal: a matéria tratada na Convenção n.º 158 da OIT é disciplinada no art. 7º, I, da Constituição Federal de 1988, que exige a edição de lei complementar para sua plena eficácia, não podendo ser substituída por decretos legislativo e executivo; b) inconstitucionalidade material: a Convenção n.º 158 da OIT assegura a reintegração nas hipóteses de despedida arbitrária ou sem justa causa, quando o ordenamento jurídico brasileiro assegura apenas indenização compensatória, não podendo o legislador ordinário substituí-la pela reintegração, já que são situações que se excluem reciprocamente. Alegou-se, ainda, o caráter programático da Convenção n.º 158 da OIT.

Apreciando o pedido de medida cautelar, o Supremo Tribunal Federal, por maioria, deferiu parcialmente[30] e, em interpretação conforme a Constituição, afastou até o julgamento final qualquer exegese que, desconsiderando o caráter meramente programático das normas da Convenção nº 158 da OIT, viesse a considerá-las autoaplicáveis, desrespeitando as regras constitucionais e infraconstitucionais que disciplinam

30. O trecho da ementa que aborda a matéria de fundo tem o seguinte teor: "TRATADO INTERNACIONAL E RESERVA CONSTITUCIONAL DE LEI COMPLEMENTAR. - O primado da Constituição, no sistema jurídico brasileiro, é oponível ao princípio pacta sunt servanda, inexistindo, por isso mesmo, no direito positivo nacional, o problema da concorrência entre tratados internacionais e a Lei Fundamental da República, cuja suprema autoridade normativa deverá sempre prevalecer sobre os atos de direito internacional público. Os tratados internacionais celebrados pelo Brasil - ou aos quais o Brasil venha a aderir - não podem, em consequência, versar matéria posta sob reserva constitucional de lei complementar. É que, em tal situação, a própria Carta Política subordina o tratamento legislativo de determinado tema ao exclusivo domínio normativo da lei complementar, que não pode ser substituída por qualquer outra espécie normativa infraconstitucional, inclusive pelos atos internacionais já incorporados ao direito positivo interno. LEGITIMIDADE CONSTITUCIONAL DA CONVENÇÃO Nº 158/OIT, DESDE QUE OBSERVADA A INTERPRETAÇÃO CONFORME FIXADA PELO SUPREMO TRIBUNAL FEDERAL. - A Convenção nº 158/OIT, além de depender de necessária e ulterior intermediação legislativa para efeito de sua integral aplicabilidade no plano doméstico, configurando, sob tal aspecto, mera proposta de legislação dirigida ao legislador interno, não consagrou, como única consequência derivada da ruptura abusiva ou arbitrária do contrato de trabalho, o dever de os Estados-Partes, como o Brasil, instituírem, em sua legislação nacional, apenas a garantia da reintegração no emprego. Pelo contrário, a Convenção nº 158/OIT expressamente permite a cada Estado-Parte (Artigo 10), que, em função de seu próprio ordenamento positivo interno, opte pela solução normativa que se revelar mais consentânea e compatível com a legislação e a prática nacionais, adotando, em consequência, sempre com estrita observância do estatuto fundamental de cada País (a Constituição brasileira, no caso), a fórmula da reintegração no emprego e/ou da indenização compensatória. Análise de cada um dos Artigos impugnados da Convenção nº 158/OIT (Artigos 4º a 10)".

a despedida arbitrária ou sem justa causa no sistema normativo brasileiro[31].

Quanto à denúncia, foi materializada pelo Decreto n.º 2.100, de 20 de dezembro de 1996, através do qual o então Presidente da República tornou público que a Convenção nº 158 da OIT - Organização Internacional do Trabalho deixaria de vigorar para o Brasil a partir de 20 de novembro de 1997, conforme a Nota do Governo brasileiro à Organização Internacional do Trabalho, registrada por esta última em 20 de novembro de 1996.

Em consequência da denúncia, o Min. Celso de Mello, então relator da Ação Direta de Inconstitucionalidade n.º 1480, julgou extinto o referido processo de controle abstrato de constitucionalidade, tendo em vista a perda superveniente de seu objeto.

Não obstante, o Decreto n.º 2.100, de 20 de dezembro de 1996, foi objeto de novo questionamento perante o Supremo Tribunal Federal, agora nos autos da Ação Direta de Inconstitucionalidade n.º 1625, ajuizada pela Confederação Nacional dos Trabalhadores na Agricultura – CONTAG e Central Única dos Trabalhadores – CUT, que alegam, em síntese, a impossibilidade de denúncia unilateral pelo Poder Executivo, sem manifestação do Congresso Nacional[32].

31. Conforme o Relator, Min. Celso de Mello, o art. 7º, I, da Constituição Federal de 1988 estabeleceu garantia jurídico-social dos empregados contra despedida arbitrária ao institucionalizar solução de caráter transacional destinada a conciliar posições contrastantes: "nem se reconheceu ao empregador o poder absoluto de despedir imotivadamente e nem se atribuiu ao empregado a garantia da intangibilidade do vínculo laboral". Ainda conforme o Ministro, o art. 7º, I, da Constituição Federal restringe o direito potestativo do empregador, exigindo, para a validade da dispensa, uma causa de justificação. Em consequência, impõe ao empregador o dever de prestar uma indenização compensatória ao empregado injusta ou arbitrariamente despedido, afastando o acesso do trabalhador ao regime da estabilidade plena. No que toca ao conteúdo da Convenção n.º 158 da OIT, concluiu o Relator que a Convenção n.º 158 da OIT encerra, a partir de seus princípios e diretrizes, uma proposta de legislação dirigida ao legislador interno, que não é autoaplicável, no que foi seguido pela maioria dos Ministros.

32. O julgamento da Ação Direta de Inconstitucionalidade n.º 1625 foi iniciado em 2003 e interrompido por sucessivos pedidos de vistas. O julgamento está suspenso desde setembro de 2016 em razão do pedido de vista formulado pelo Ministro Dias Toffoli e já conta com 5 (cinco) votos favoráveis e 1 (um) contra a tese da inconstitucionalidade do Decreto n.º 2.100/96, nos seguintes termos: "O Min. Maurício Corrêa, relator, enten-

Como não foi deferida liminar nos autos da Ação Direta de Inconstitucionalidade n.º 1625, é possível o controle difuso

---

dendo evidenciado o caráter normativo do decreto impugnado, e considerando que a derrogação de tratados e convenções internacionais, à semelhança do que ocorre para que sejam positivados, exige, para a sua concretização no âmbito interno, a manifestação conjugada dos Poderes Executivo e Legislativo, proferiu voto no sentido de julgar procedente em parte o pedido formulado na ação direta, a fim de emprestar ao Decreto impugnado, interpretação conforme ao art. 49, I, da CF, segundo a qual a denúncia formalizada pelo Presidente da República condiciona-se ao referendo do Congresso Nacional, a partir do que produzirá eficácia plena, no que foi acompanhado pelo Min. Carlos Britto" (Informativo n.º 323 do STF); "O Min. Nelson Jobim, presidente, em voto-vista, divergiu do voto do relator para julgar improcedente o pedido formulado, por entender que o Chefe do Poder Executivo, em razão de representar a União na ordem internacional, pode, por ato isolado e sem anuência do Congresso Nacional, denunciar tratados, convenções e atos internacionais. Ressaltou estar englobada, no ato de aprovação do tratado, pelo Congresso Nacional, a aceitação tácita da possibilidade de o Poder Executivo denunciar, salientando que, na espécie, a denúncia se fez, inclusive, com base na expressa previsão do art. 17 da própria Convenção. Esclareceu que compete privativamente ao Presidente da República, nos termos do art. 84, VIII, da CF, celebrar os tratados, convenções e atos internacionais, ou seja, assumir obrigações internacionais e que, embora caiba ao Congresso Nacional a aprovação dos mesmos (CF, art. 84, in fine e art. 49, I), por meio de decreto, sua função, nessa matéria, é de natureza negativa, eis que não detém o poder para negociar termos e cláusulas ou assinar, mas apenas evitar a aplicação interna de tais normas. Ademais, o decreto legislativo não tem o condão de, por si só, incorporar o tratado internacional no direito interno, o qual depende da ratificação posterior do Presidente da República. Com base nisso, afirmou que o princípio da harmonia entre os Poderes Executivo e Legislativo, nesse caso, confere predominância ao Chefe do Poder Executivo, porquanto somente a ele compete o juízo político de conveniência e oportunidade na admissão do tratado internacional no âmbito interno" (Informativo n.º 421 do STF); "O Min. Joaquim Barbosa, em voto-vista, julgou o pedido integralmente procedente para declarar a inconstitucionalidade do decreto impugnado por entender não ser possível ao Presidente da República denunciar tratados sem o consentimento do Congresso Nacional" (Informativo n.º 549 do STF); "Em voto–vista, a Ministra Rosa Weber julgou totalmente procedente o pedido formulado na ação direta para declarar a inconstitucionalidade do Decreto 2.100/1996. Enfatizou que não se discutiria a denúncia em si — que, no plano internacional, já produziu seus efeitos —, mas o aludido decreto que a publicizara para fins de produção de efeitos no território nacional. Destacou que a derrogação de norma incorporadora de tratado pela vontade exclusiva do presidente da República seria incompatível com o equilíbrio necessário à preservação da independência e da harmonia entre os Poderes (CF, art. 2º), bem como com a exigência do devido processo legal, em sua dimensão substantiva (CF, art. 5º, LIV). Assim, dada a premissa maior de que leis ordinárias não poderiam ser revogadas pelo presidente da República, e a premissa menor de que o decreto promulgador de tratado, aprovado e ratificado, equivaleria à lei ordinária, concluiu que a norma incorporadora de tratado não poderia ser derrubada pela exclusiva vontade do Presidente da República, sob pena de afronta aos artigos 2º; 49, I e 84, VIII, da Constituição (Informativo n.º 807 do STF); o Ministro Teori Zavascki acompanhou a orientação de que é necessária a participação do Poder Legislativo na revogação de tratados; entretanto, alegando que o precedente ficará como marca na história do constitucionalismo brasileiro, sugeriu modulação de efeitos para que se outorgue eficácia apenas prospectiva a esse entendimento, o que conduz, no caso concreto, a um juízo de improcedência unicamente em razão dos efeitos da modulação.

da constitucionalidade do Decreto n.º 2.100/96, com o que será possível aplicar a Convenção n.º 158 aos trabalhadores brasileiros, protegendo-os contra despedidas hostis de iniciativa do empregador.

Por outro lado, e apesar de a decisão do Supremo Tribunal Federal na Ação Direta de Inconstitucionalidade n.º 1480, bem como da denúncia de iniciativa do então Presidente da República, podemos afirmar que o simples fato de a Convenção n.º 158 ter sido ratificada representa, no mínimo, o reconhecimento e aceitação dos respectivos princípios e diretrizes, bem como a compatibilidade deles com a ordem constitucional interna.

No particular, devemos ressaltar que a inconstitucionalidade reconhecida foi de cunho eminentemente formal (exigência de lei complementar) e não quanto ao conteúdo (mérito) em si. Em diversas passagens do voto do Ministro Relator há referência expressa à compatibilidade entre a Convenção n.º 158 e regras constitucionais e infraconstitucionais do sistema normativo brasileiro, num claro reconhecimento de sua pertinência.

Tanto é assim que em 2008 o Poder Executivo encaminhou ao Congresso Nacional nova proposta de ratificação da Convenção n.º 158 da OIT, materializada na Mensagem n.º 59/2008, ainda pendente de deliberação na Comissão de Constituição e Justiça e de Cidadania da Câmara dos Deputados[33].

De todo modo, e independentemente da controvérsia existente sobre a aplicabilidade da Convenção n.º 158 da OIT no Brasil, podemos afirmar, desde já, que em decorrência de outros compromissos assumidos perante a comunidade internacional, como, por exemplo, a Declaração Universal dos Direitos Humanos[34] e o Pacto Internacional sobre Direitos Econômicos, Sociais

33. Disponível em http://www.camara.gov.br/proposicoesWeb/fichadetramitacao?idProposicao=383867. Acesso em 29.09.2019.
34. Artigo 23(1): Todo ser humano tem direito ao trabalho, à livre escolha de emprego, a condições justas e favoráveis de trabalho e à proteção contra o desemprego.

e Culturais[35], o Brasil deve assegurar o direito fundamental ao trabalho em todas as suas facetas, o que contempla a manutenção do emprego e sua proteção contra despedidas injustificadas de iniciativa do empregador. Afinal, é preciso valorizar e levar a sério os compromissos assumidos livremente perante a comunidade internacional.

2.8. PRIMEIRAS IMPRESSÕES SOBRE O CONTEÚDO MÍNIMO E A APLICABILIDADE DO ART. 7º, I, DA CONSTITUIÇÃO FEDERAL DE 1988

Após tudo o que foi exposto, podemos afirmar que o ordenamento jurídico brasileiro já contempla várias possibilidades de superação da omissão legislativa inconstitucional verificada em relação ao art. 7º, I, da Constituição Federal de 1988, podendo o intérprete:

a) aplicar a própria CLT, que define e conceitua despedida arbitrária como sendo aquela *"que não se fundar em motivo disciplinar, técnico, econômico ou financeiro"* (art. 165), exigindo, em consequência, tal motivação para as despedidas que não sejam por justa causa. Como consequência, a despedida só será válida e, portanto, lícita, se for não arbitrária (fundada em motivo de ordem disciplinar, técnica, econômica ou financeira, cuja prova caberá ao empregador) ou com justa causa (em razão de falta grave, tipificada no art. 482 da CLT);

b) aplicar o art. 7º, I, de imediato e independentemente de integração normativa posterior, com fundamento no art. 5º, §1º, ambos da Constituição Federal de 1988, de forma

35. Artigo 6º: 1. Os Estados Partes do presente Pacto reconhecem o direito ao trabalho, que compreende o direito de toda pessoa de ter a possibilidade de ganhar a vida mediante um trabalho livremente escolhido ou aceito, e tomarão medidas apropriadas para salvaguardar esse direito. 2. As medidas que cada Estado Parte do presente Pacto tomará a fim de assegurar o pleno exercício desse direito deverão incluir a orientação e a formação técnica e profissional, a elaboração de programas, normas e técnicas apropriadas para assegurar um desenvolvimento econômico, social e cultural constante e o pleno emprego produtivo em condições que salvaguardem aos indivíduos o gozo das liberdades políticas e econômicas fundamentais.

que os empregadores, em regra, não poderão despedir seus empregados, salvo quando caracterizada falta grave tipificada no art. 482 da CLT ou outro motivo não arbitrário, a ser aferido a partir de necessária motivação e com base nas circunstâncias do caso concreto;

c) considerar o art. 7º, I, da Constituição Federal de 1988 uma norma de aplicabilidade direta e imediata, a partir de sua classificação como norma de eficácia plena ou contida, exigindo fundamentação minimamente relevante ou socialmente aceitável para a validade das despedidas;

d) considerar, a partir das lições de Celso Antônio Bandeira de Mello, que os arts. 7º, I, e 170 da Constituição Federal são fontes de direito subjetivo para os empregados, invocáveis contra abusos no que toca à função social da propriedade, valor trabalho e pleno emprego. Em consequência, considerar inconstitucional a despedida arbitrária ou sem justa causa, por contrariar o propósito de valorização do trabalho humano. Assim, e como regra, os empregadores não poderão despedir seus empregados. Excepcionalmente poderão fazê-lo, desde que de forma motivada e quando caracterizada falta grave tipificada no art. 482 da CLT (ensejadora da pena máxima de despedida por justa causa) ou outro motivo que não seja arbitrário (a ser aferido a partir das circunstâncias do caso concreto em confronto com o contexto constitucional);

e) aplicar a teoria da eficácia horizontal dos direitos fundamentais e exigir, para a validade das despedidas por iniciativa dos empregadores, que elas sejam precedidas do devido processo legal, do contraditório e da ampla defesa, na forma do art. 5º, LIV e LV, da Constituição Federal, já que o emprego é o bem maior – muitas vezes o único – do trabalhador, facilitando, com isso, a identificação dos excessos e abusos e a própria tutela judicial efetiva;

f) declarar, pelo sistema difuso, a inconstitucionalidade do Decreto n.º 2.100/96, pelo qual o Presidente da República denunciou unilateralmente a Convenção n.º 158 da OIT –

Organização Internacional do Trabalho, e, com isso, aplicar, em todos os seus termos, a referida norma internacional aos trabalhadores brasileiros, protegendo-os contra despedidas hostis de iniciativa do empregador;

g) reconhecer, com base no art. 5º, §2º, que a Constituição Federal estabeleceu um sistema constitucional aberto a outros direitos fundamentais, ainda que não expressamente previstos no respectivo texto, atribuindo superioridade hierárquica aos tratados e convenções internacionais sobre direitos humanos, seja como normas materialmente constitucionais ou, no mínimo, supralegais[36]. Com isso, é possível aplicar diretamente as disposições da Declaração Universal dos Direitos Humanos e do Pacto Internacional sobre Direitos Econômicos, Sociais e Culturais, assegurando o direito fundamental ao trabalho em todas as suas facetas, inclusive a proteção contra despedidas injustificadas de iniciativa do empregador.

Diante de tantas opções juridicamente válidas, cabe ao intérprete optar por aquela que melhor se ajusta às circunstâncias do caso concreto[37] para, com isso, concretizar a justiça social, rechaçando qualquer prática que importe em monetarização do direito fundamental ao trabalho e à sua continuidade ou submeta o trabalhador ao puro arbítrio, faculdade ou discricionariedade do empregador[38].

Assim, respondendo aos questionamentos formulados anteriormente, podemos afirmar que o art. 7º, I, da Consti-

---

36. Conforme entendimento firmado pelo Supremo Tribunal Federal no julgamento do RE 466.343-1/SP, HC 87585/TO, HC 87.585/TO, RE 349703/RS e RE 466343/SP.

37. Flávia Piovesan (2003, p. 53) destaca a necessidade de "investigar e determinar a eficácia e aplicabilidade das normas constitucionais, a fim de que todos os dispositivos constitucionais tenham valor normativo e eficácia vinculante, sob pena de se admitir a quebra da unidade normativa constitucional". Aponta em outra passagem da mesma obra para a necessidade de combinar a programaticidade com a efetividade da Constituição (2003, p. 73).

38. No particular, cumpre observar o disposto no art. 122 do Código Civil: "São lícitas, em geral, todas as condições não contrárias à lei, à ordem pública ou aos bons costumes; entre as condições defesas se incluem as que privarem de todo efeito o negócio jurídico, ou o sujeitarem ao puro arbítrio de uma das partes".

tuição Federal de 1988 não é apenas e mais uma norma meramente programática completamente dependente de legislação futura. É, na verdade, norma constitucional plenamente apta para ser aplicada de imediato a todas as relações de emprego e, com isso, vedar a despedida arbitrária ou sem justa causa de empregados mesmo na ausência da lei complementar e ainda que não possuam estabilidade ou outra garantia de emprego específica.

Em razão da força normativa e vinculante, o art. 7º, I, da Constituição Federal de 1988 estabelece que nem os empregadores nem o Estado, por seus Poderes Executivo, Legislativo e Judiciário, podem praticar ou editar atos que materializem, facilitem ou induzam despedidas arbitrárias ou sem justa causa, já que o próprio constituinte de 1988 cuidou de classificá-las como antijurídicas.

Esse é, portanto, o conteúdo mínimo do dispositivo constitucional em análise, que visa, em sua essência, limitar o poder patronal (que não é absoluto) e eliminar a faculdade ou discricionariedade para a prática das despedidas arbitrárias ou sem justa causa, harmonizando os interesses do capital com os do trabalho. Isso pressupõe, evidentemente, a proibição dos excessos do primeiro e a proteção adequada do hipossuficiente, que consiste no exercício da livre iniciativa sem que o direito fundamental ao trabalho seja tolhido ou asfixiado por práticas arbitrárias e sem justa causa[39].

Por outro lado, fica claro que o simples fato de ainda não ter sido editada a lei complementar referida no art. 7º, I, da Constituição Federal de 1988 não é suficiente para neutralizá-lo por completo, na medida em que as hipóteses de despedida por justa causa estão expressamente previstas no art. 482 da CLT e o conceito de *arbitrário* é assimilado pelo homem médio da

39. Reiteramos, por pertinente, que o art. 7º, I, da Constituição Federal de 1988 não garante estabilidade plena no emprego, a exemplo daquela prevista no arts. 492 e seguintes da CLT, na medida em que a licitude das despedidas *não* arbitrárias e por justa causa (art. 482 da CLT) é inegável e incontroversa. O dispositivo garante ao trabalhador, portanto, o direito de só ser despedido por justa causa ou em hipóteses não arbitrárias.

sociedade brasileira, ferindo a consciência jurídica qualquer tratamento absurdo e caprichoso que importe em negar aplicação à proteção constitucional do emprego sob a alegação infundada de que não há regulamentação legal.

Ora, arbitrário é conceito há muito assimilado na sociedade brasileira e assemelha-se ao abuso de direito, positivado no art. 187 do Código Civil como o exercício excessivo de um direito em manifesta violação dos limites impostos pelo seu fim econômico ou social, pela boa-fé ou pelos bons costumes.

Portanto, são arbitrárias as despedidas que carecem de motivação relevante ou socialmente aceitável, bem como aquelas cuja motivação seja inexistente, irrelevante, acarrete violação a direito fundamental ou discriminação dos trabalhadores, já que atentam contra os bons costumes, carecem de propósito econômico e social ou, ainda, são destituídas de boa-fé.

Assim, diante das circunstâncias do caso concreto o intérprete tem parâmetros razoáveis e plausíveis para analisar o ato de despedida praticado pelo empregador e verificar se o mesmo é arbitrário, bastando, para tanto, valorar[40]:

a) a adequação da despedida e sua compatibilidade com a motivação, ou seja, a aptidão para alcançar a finalidade legítima pretendida pelo empregador;
b) a necessidade da despedida, tendo em vista a inexigibilidade de conduta diversa diante das particularidades do

40. Devemos destacar, no particular, que tal valoração já ocorre sem qualquer questionamento com as hipóteses de despedidas por justa causa, tendo em vista que alguns fatos tipificados no art. 482 da CLT não delimitam com precisão a conduta do trabalhador, cabendo ao intérprete avaliar a gravidade desta e, ainda, delimitar o alcance do tipo legal. Como adverte Maurício Godinho Delgado (2011, p. 1127), "a tipificação trabalhista – mesmo à luz do critério taxativo – não chega a ser, em todas as hipóteses legais, tão rigorosa quanto à característica do Direito Penal. A infração corresponde a um tipo legal preestabelecido, mas esse tipo legal não tem, sempre, seus traços e contornos rigidamente fixados pela lei. A tipificação trabalhista pode ser, desse modo, significativamente mais flexível e plástica do que a configurada no Direito Penal. Um exemplo dessa plasticidade é dado pela justa causa prevista no art. 482, 'b', CLT, isto é, mau procedimento. Ora, a plasticidade e imprecisão desse tipo legal trabalhista deixa-o muito distante do rigor formal exigido por um tipo legal penalístico"

caso concreto em confronto com os princípios e valores constitucionais;

c) a proporcionalidade em sentido estrito da despedida, fundamental para coibir eventuais abusos e excessos do poder diretivo e até mesmo desvios de finalidade.

Por outro lado, o ordenamento jurídico brasileiro também veda as despedidas discriminatórias[41], além das despedidas arbitrárias e sem justa causa, restando evidente que a motivação é pressuposto de validade, pois só serão lícitas se forem não arbitrárias (fundadas em motivo de ordem disciplinar, técnica, econômica ou financeira) ou por justa causa (em razão de falta grave, tipificada no art. 482 da CLT).

Isso significa que a licitude da dispensa, seja ela não arbitrária ou por justa causa, depende necessariamente de um motivo determinante, de ordem disciplinar, técnica, econômica, financeira ou de uma falta grave cometida pelo empregado (tipificada no art. 482 da CLT), cabendo ao empregador o respectivo ônus da prova.

Do contrário, de que adiantaria proteger a relação de emprego contra despedida arbitrária, sem justa causa e discriminatória e permitir ao empregador a denúncia vazia ou imotivada do contrato de emprego?

Ora, negar a obrigatoriedade da motivação do ato de dispensa, autorizando despedidas imotivadas sob o simples rótulo de *sem justa causa*, é vulnerar o art. 7º, I, chancelando dispensas muitas vezes arbitrárias e discriminatórias, vedadas pela Constituição Federal de 1988 e pela Lei n.º 9.029/95. É, em outras palavras, *proteger desprotegendo*, o que não parece adequado nem coerente com o propósito de valorizar o trabalho e assegurar dignidade à pessoa humana.

41. Art. 1º da Lei n.º 9.029/95: "Fica proibida a adoção de qualquer prática discriminatória e limitativa para efeito de acesso a relação de emprego, ou sua manutenção, por motivo de sexo, origem, raça, cor, estado civil, situação familiar ou idade, ressalvadas, neste caso, as hipóteses de proteção ao menor previstas no inciso XXXIII do art. 7º da Constituição Federal".

Parece evidente, portanto, que há meios adequados para superar a omissão legislativa inconstitucional e, com isso, sancionar adequadamente os eventuais excessos e abusos dos empregadores nas despedidas, assegurando e efetivando o direito fundamental ao trabalho e sua continuação, como requisito imprescindível para a valorização do trabalho e o respeito à dignidade da pessoa humana.

Assim, e independentemente da postura adotada pelo intérprete a partir do que foi sintetizado acima, a conclusão será a mesma: o ordenamento jurídico-constitucional brasileiro não tolera a despedida imotivada nem sem justa causa, na medida em que podem encobrir e chancelar atos arbitrários e discriminatórios.

Então, podemos afirmar, a título de conclusão parcial, que o art. 7º, I, da Constituição Federal de 1988 deve ser interpretado e aplicado de forma a alcançar a máxima efetividade, já que disciplina uma das facetas do direito fundamental ao trabalho (digno e decente), qual seja, a manutenção do emprego e sua proteção contra investidas arbitrárias e imotivadas do empregador, assegurando, como consequência lógica, a reintegração do empregado em tais circunstâncias, ainda que não reste configurada qualquer hipótese específica de estabilidade ou de garantia do emprego, já que o resgate do contrato é consequência natural da nulidade da despedida.

No particular, e diante da deliberada omissão do legislador em regulamentar o art. 7º, I, da Constituição Federal de 1988, cumpre observar a advertência de Wolney de Macedo Cordeiro (2008, p. 12) no sentido de que o intérprete não deve se valer da justificativa de delegar integralmente ao parlamento as imperfeições do sistema normativo para, com isso, justificar sua omissão e letargia, aguardando que as 'soluções' das incongruências do sistema sejam resolvidas por intermédio de um incerto e tormentoso processo legislativo.

Ora, conforme André Puccinelli Júnior (2007, p. 82), quando o processo político falha, negligenciando na efetivação dos direitos sociais e, por consequência, na implementação dos objetivos sociais da Constituição, cabe ao Judiciário viabilizar, se possível, a fruição de prestações que descendam diretamente desta, sendo inadmissível que, por pura inércia legislativa, os direitos sociais materializem pretensão perenemente irrealizada no tocante à efetividade almejada pelo constituinte de 1988.

Delimitado o conteúdo mínimo e a possibilidade jurídica de aplicabilidade imediata e direta do art. 7º, I, da Constituição Federal de 1988, devemos analisar agora os instrumentos e técnicas processuais existentes para o controle judicial das despedidas arbitrárias e sem justa causa, evitando, com isso, que a proteção constitucional em tela seja encarada como simples declaração de cunho estritamente político, sem qualquer efeito vinculante e totalmente dependente da discricionariedade do legislador.

Capítulo 3

CONTROLE JUDICIAL DAS DESPEDIDAS ARBITRÁRIAS OU SEM JUSTA CAUSA: POSSIBILIDADES E LIMITES

A partir das conclusões preliminares acima extraídas, podemos afirmar que o art. 7º, I, da Constituição Federal de 1988 permite a opção entre duas decisões antagônicas por parte do Poder Judiciário. Uma mais restritiva e outra capaz de efetivar plenamente o direito[1].

A primeira é relativamente mais simples e direta[2], no sentido de que o art. 7º, I, da Constituição Federal de 1988 depende de lei complementar para que possa ser aplicado aos casos concretos, sendo, portanto, de eficácia limitada (enquanto norma programática) ou não autoexecutável. Ao adotar esse entendimento o juiz terá como *lícitas* as despedidas arbitrárias ou sem justa causa e, em consequência, julgará improcedentes eventuais

1. Ambas, no entanto, são juridicamente válidas, tendo em vista os princípios da independência judicial e do livre convencimento motivado, que asseguram ao juiz a liberdade de convicção e autonomia funcional no exercício do mister jurisdicional, na forma dos arts. 2º, 93, IX, e 95, I a III, da Constituição Federal de 1988; arts. 35, I, e 40 da LOMAN; art. 369 e 370 do CPC; e art. 765 da CLT.
2. Cândido Rangel Dinamarco (2013, p. 350) adverte, no entanto, que a "liberdade de convencimento é manifestação do fenômeno mais amplo da própria independência dos juízes, mas, como tudo no processo, também só tem o seu valor quando canalizada para a justiça das decisões. Assim, é dever do juiz afastar posicionamentos, muitas vezes comodistas, que facilitem formalmente o ato de julgar, mas possam torná-lo injusto".

pedidos de desconstituição formulados com fundamento naquele dispositivo constitucional, situação que não demanda nenhuma outra reflexão ou uma análise mais acurada.

Em sentido oposto, a segunda decisão possível é favorável à aplicabilidade imediata do art. 7º, I, da Constituição Federal de 1988, conferindo-lhe máxima efetividade a partir de uma das soluções razoáveis e plausíveis apontadas no capítulo anterior. Serão, então, *ilícitas* as despedidas arbitrárias ou sem justa causa, acarretando, em consequência, a procedência de eventuais pedidos de desconstituição formulados.

Na segunda hipótese, e diante da ausência da lei complementar referida no dispositivo, caberá ao Poder Judiciário atuar com fundamento no art. 4º da Lei de Introdução às normas do Direito Brasileiro, art. 140 do CPC e art. 8º da CLT, construindo uma decisão que compatibilize e harmonize os interesses do capital (livre iniciativa e propriedade privada) com as necessidades do trabalhador (valorização do trabalho, função social da propriedade, pleno emprego, proteção da relação de emprego contra despedida arbitrária e sem justa causa), tendo como norte, evidentemente, a dignidade da pessoa humana.

Assim, a suposta lacuna normativa será superada com base na dimensão essencialmente criativa da atividade judicial, adaptando o disposto no art. 7º, I, da Constituição Federal de 1988 às singularidades de cada caso, atividade que, conforme André Puccinelli Júnior (2007, p. 99), não viola o princípio da separação e independência dos Poderes na medida em que se trata de mera aplicação da própria Constituição, fazendo-a atuar concretamente, provendo sua efetivação. Segundo o autor:

> Mesmo pressupondo um juízo de censura sobre o descaso parlamentar, tal atividade transcorre no âmbito da doutrina de freios e contrapesos, que introduz mecanismos de controle recíproco para evitar que os poderes constituídos, e em especial o legislativo, se distanciem dos valores aos quais devem servir, a saber: os valores constitucionais (2007, p. 98).

No que toca à atuação do Poder Judiciário diante de omissões legislativas no contexto da separação dos poderes[3], o autor defende a necessidade de desenvolvimento de uma jurisprudência vivaz e criativa, livre de mordaças anacrônicas e dogmas já oxidados pelo tempo, que assuma a condição de guardiã e intérprete qualificada da Constituição Federal (2007, p. 105).

A partir de uma analogia com o controle de constitucionalidade da regra positiva, Luiz Guilherme Marinoni defende que o controle da omissão legislativa que impede a efetivação de um direito fundamental também deve ser realizado por todos os magistrados, na medida em que seria completamente irracional retirar deles a possibilidade de dar utilidade à tarefa que lhe foi atribuída pela Constituição, qual seja, a de prestar uma tutela jurisdicional efetiva (2011, p. 66). Com fundamento na força vinculante das normas constitucionais, o autor sustenta então que "não há razão para o juiz se curvar à ausência de lei, permitindo que os direitos fundamentais se tornem letra morta" (2011, p. 81). Em consequência, defende que "no caso de inexistência ou insuficiência da proteção normativa, o juiz deve, a partir da consideração do direito fundamental, conferir a tutela esquecida pela lei e exigida pela Constituição" (2011, p. 209).

Conforme Flávia Piovesan (2003, p. 107), compete aos órgãos jurisdicionais:

> a) interpretar os preceitos constitucionais consagradores de direitos fundamentais, na sua aplicação em casos concretos, de acordo com o princípio da efetividade ótima e b) densificar os preceitos constitucionais consagradores de direitos fundamentais de forma a possibilitar a sua aplicação imediata, nos casos de ausência de leis concretizadoras.

Portanto, caberá ao Poder Judiciário, a partir de uma interpretação fundada na supremacia e na máxima efetividade da

3. Reforçando a possibilidade de atuação judicial para suprir omissões legislativas, o autor questiona: "se o Judiciário detém competência para ditar normas que incidirão sobre uma categoria coletiva, por que não teria competência para, em casos individuais, suprir omissões legislativas e tornar efetivo o texto constitucional?" (2007, p. 105)

Constituição, superar as lacunas e obstáculos existentes em prol da proteção da relação de emprego contra despedida arbitrária ou sem justa causa, assegurando e protegendo o trabalhador contra as insuficiências legislativas, a partir do conteúdo mínimo do art. 7º, I, da Constituição Federal de 1988.

3.1. A TUTELA JURISDICIONAL EFETIVA E ESPECÍFICA DO DIREITO FUNDAMENTAL AO TRABALHO

Feitos esses esclarecimentos iniciais, vejamos *como* e *quais* instrumentos processuais existentes permitem a concretização do conteúdo essencial da garantia prevista no art. 7º, I, da Constituição Federal de 1988 pelo Poder Judiciário, independentemente da lei complementar referida no dispositivo.

Tendo como ponto de partida o próprio texto constitucional de 1988, devemos ressaltar a importância do art. 5º, XXXV, que, tratando do direito fundamental à tutela jurisdicional efetiva, assegura a inafastabilidade do controle jurisdicional tanto para lesão quanto ameaça a direito, evitando, conforme Luiz Guilherme Marinoni (2006, p. 80), "a transformação dos direitos garantidos constitucionalmente em meras declarações políticas, de conteúdo e função mistificadores".

Isso significa, na prática, uma tutela jurisdicional justa, tempestiva e adequada, que assegure não apenas a mera reparação dos danos (com base em simples compensação pecuniária) decorrentes de um ato ilícito já consumado (tutela ressarcitória ou reparatória do dano), como também a tutela específica dos direitos[4], dando-lhes efetiva proteção com foco na integridade

4. A tutela específica no âmbito do processo individual é disciplinada pelo art. 497 do CPC, enquanto que o art. 11 da Lei da Ação Civil Pública (Lei n.º 7.347/85) e o art. 84 do Código de Defesa do Consumidor (Lei n.º 8.078/90) disciplinam a matéria no âmbito dos processos coletivos. Conforme Luiz Guilherme Marinoni (2010, p. 284), "a tutela na forma específica, como é obvio, é a tutela ideal do direito material, já que confere à parte lesada o bem ou o direito em si, e não o seu equivalente. É apenas mediante a tutela específica que o ordenamento jurídico pode assegurar a prestação devida àquela que possui a expectativa de receber um bem. Não é por outra razão que os arts. 461 do CPC *[atualmente art. 497]* e 84 do CDC, demonstrando uma verdadeira obsessão pela tutela específica, afirmam que a obrigação somente se converterá em perdas e danos se o autor o requerer ou impossível a tutela específica ou a obtenção do resultado prático correspondente".

dos direitos em si e conferindo ao respectivo titular o mesmo resultado – ou o mais próximo possível – do que teria se as obrigações legais e contratuais tivessem sido adimplidas voluntariamente.

Para Salvador Franco de Lima Laurino (2010, p. 53), a tutela jurisdicional deve reproduzir, na medida do possível, "o mesmo resultado que seria obtido com o cumprimento espontâneo da obrigação, já que o distanciamento entre a resposta do processo e a situação que decorreria da obediência voluntária acarreta desprestígio da autoridade da ordem jurídica". Referindo-se à inadequação da tutela ressarcitória para a tutela efetiva de diversos direitos, o autor destaca que "não basta o consolo de uma indenização que de modo algum é capaz de compensar adequadamente o prejuízo, insuscetível de se medir com o metro da pecúnia, já que nem todos os tecidos se deixam costurar de tal arte que a cicatriz desapareça por inteiro".

Fredie Didier Jr. (2009, p. 40), reportando-se ao princípio da máxima coincidência possível, afirma que "o processo deve dar a quem tenha razão o exato bem da vida a que ele teria direito, se não precisasse se valer do processo jurisdicional".

Ao tratar da efetividade das decisões judiciais, Cândido Rangel Dinamarco (2013, p. 352-353) destaca que a tutela específica representa enérgica afirmação do próprio ordenamento jurídico-material, justificando o repúdio à facilidade da conversão das obrigações de fazer em pecúnia. Defende que "onde for possível produzir precisamente a mesma situação que existiria se a lei não fosse descumprida, que sejam proferidas decisões nesse sentido e não outras meramente paliativas". Assim, para o autor, diante de uma insatisfação lamentada ou de uma alegação de direito inobservado, a atividade jurisdicional será endereçada, "sempre que possível, ao mesmíssimo resultado jurídico-material específico pelo qual o direito objetivo material haja manifestado sua preferência".

A tutela específica, portanto, é capaz de dar efetiva proteção aos direitos, seja impedindo ou prevenindo a prática do ato contrário ao direito (tutela inibitória da ameaça[5]), seja removendo os seus efeitos concretos para evitar a produção de danos quando o ato já ocorreu (tutela reintegratória ou de remoção do ilícito[6]). Possibilita, com isso, uma tutela judicial[7] mais coerente, consentânea

---

5. A tutela inibitória, de cunho preventivo, objetiva impedir a prática de ato ilícito, sua continuação ou repetição a partir da imposição de obrigação de fazer ou não fazer. Luiz Guilherme Marinoni (2010, p. 205), no particular, assevera que "a ação inibitória, quando voltada a impedir a repetição do ilícito, tem por fim evitar a ocorrência de *outro ilícito*. Quando a ação inibitória objetiva inibir a continuação do ilícito, a tutela tem por escopo *evitar o prosseguimento de um agir ou de uma atividade ilícita*. Note-se que a ação inibitória apenas pode ser utilizada quando a providência jurisdicional for capaz de inibir o agir ou o seu prosseguimento, *e não quando este já houver sido praticado, estando presentes apenas os seus efeitos*.
6. A tutela de remoção do ilícito ou reintegratória objetiva a remoção dos efeitos de uma ação ilícita que já ocorreu, reconstituindo o titular do direito violado às condições em que se encontrava antes do ato ilícito, readequando a situação de fato aos termos do direito violado. Conforme Luiz Guilherme Marinoni (2010, p. 205-206), o ilícito que se pretende atingir está no passado, e não no futuro como ocorre com a tutela inibitória. Para o autor, "a evidência da necessidade da remoção do ilícito está na necessidade de dar efetividade às normas de direito material que, objetivando a prevenção, proíbem certas condutas. Se o direito material, para evitar o dano, proíbe uma conduta, é evidente que a sua violação deve abrir ensejo a uma ação processual a ela ajustada. Ora, essa ação somente pode ser a de remoção do ilícito, uma vez que o direito material, nesse caso, apenas pode ser reavivado com a remoção dos efeitos concretos do ato contrário ao direito. Em outras palavras, de nada adiantaria a norma de direito material que proíbe um agir se não existisse a possibilidade de uma ação processual capaz de permitir a remoção dos seus efeitos concretos. Portanto, essa ação também encontra fundamento no art. 5º, XXXV, da CF, que consagra o direito fundamental à tutela jurisdicional efetiva".
7. Para viabilizar o adimplemento voluntário das obrigações de fazer ou não fazer o juiz deve impor multa diária ao devedor, independentemente de pedido do credor, se for suficiente ou compatível com a obrigação. Entretanto, caso o valor fixado se mostre insuficiente ou excessivo, poderá o juiz, de ofício ou a pedido, modificar o valor ou a periodicidade da multa. Essa multa é fixada pelo juiz com o propósito de forçar o cumprimento voluntário da obrigação pelo devedor, independentemente da atuação coercitiva do Poder Judiciário. Também chamada *astreinte*, tem natureza cominatória, portanto, diversa da cláusula penal, cuja natureza é compensatória ou moratória. A multa cominatória, como também é denominada a *astreinte*, não possui natureza jurídica de sanção e é regida por disposições próprias, não se sujeitando ao disposto no Código Civil. Portanto, a *astreinte* não se sujeita aos limites e disposições do Código Civil. É, na verdade, uma forma de coerção patrimonial, pela qual se objetiva o cumprimento da obrigação específica e a efetividade do processo. Não visa sancionar o inadimplemento, como ocorre com a cláusula penal, mas forçar o cumprimento voluntário do que restou decidido judicialmente, de forma que, a depender do caso concreto, poderá ultrapassar a expressão econômica da obrigação principal, cabendo ao juiz valorar e avaliar a situação de cada caso concreto, para fins de ajustes. Pode acontecer, no entanto, de a multa ser uma medida insuficiente ou inadequada para coagir o devedor, situação em que o juiz deverá, de ofício ou a requerimento, determinar outras medidas necessárias e adequadas, tais como (ou seja, a título meramente exemplificativo): busca e apreensão, remoção de pessoas e coisas, desfazimento de obras e impedimento de atividade nociva, se necessário com requisição de força policial. A obrigação imposta pelo juiz, quando concedida a tutela específica, será, a princípio, exatamente aquela a que estava obrigado o devedor, por contrato ou

e adequada às novas funções do Estado[8] atual e às necessidades da sociedade contemporânea[9], enfim, mais comprometida com

por disposição legal, para que possa propiciar ao credor a satisfação da obrigação tal como se houvesse o cumprimento espontâneo da prestação por aquele. Trata-se, portanto, da aplicação do princípio da *primazia da tutela específica* ou da *maior coincidência possível*, que exige uma adequação das regras processuais a essa finalidade. Entretanto, pode ocorrer de a obrigação específica ser inviável ou não ser mais faticamente possível, ocasião em que deverá o juiz determinar providências que assegurem e proporcionem ao credor o resultado prático equivalente da obrigação original, tendo o juiz, no particular, ampla discricionariedade para – inclusive de ofício – eleger a medida mais adequada ao caso concreto. Em se tratando de obrigação de fazer, deve o juiz proporcionar ao credor algo equivalente ao que o mesmo teria obtido se o devedor não tivesse se omitido (e, com isso, praticado o ato ilícito por omissão), ou seja, se a obrigação (legal ou contratual) tivesse sido observada e adimplida voluntariamente. Por outro lado, em se tratando de ameaça de ilícito decorrente de ação, deve o juiz determinar a abstenção, típica obrigação de não fazer, ou outras medidas adequadas para proporcionar proteção efetiva do direito do credor, de forma a que o dano não venha ocorrer (o que, se verificado, ensejará uma tutela reparatória). Busca-se, nesse segundo caso, adotar providências efetivas para evitar o ato comissivo e, com isso, evitar a ocorrência do ilícito ameaçado, evitando sua consumação e a ocorrência dos danos. Nesse contexto, o objetivo principal é a satisfação da obrigação específica principal, admitindo-se apenas em último caso a conversão em perdas e danos. Assim, a obrigação somente se converterá em perdas e danos em casos excepcionais e desde que o autor o requeira ou se torne impossível a tutela específica ou a obtenção do resultado prático correspondente, situação em que as perdas e danos serão liquidadas e executadas juntamente com a respectiva multa.

8. Conforme Salvador Franco de Lima Laurino (2010, p. 44), "o Estado social transformou reivindicações populares em novos direitos e deslocou para os tribunais a solução de conflitos sobre relação de trabalho, segurança social, habitação, saúde. A incorporação do operariado e da nova pequena burguesia aos circuitos de consumo, bem como da mulher, que se integrou ao mercado de trabalho, fomentou mudanças nos padrões de comportamento familiar e de casamento. Outras camadas da sociedade passaram a ter direitos até então ignorados e os conflitos cresceram em quantidade e se modificaram na qualidade". José Herval Sampaio Júnior (2011, p. 28), no particular, destaca que "a sociedade hoje é totalmente diferente da de alguns anos atrás e, a partir da Constituição Federal de 1988, em que formalmente se inseriram vários direitos e garantias fundamentais do cidadão, a população começou a se conscientizar desses direitos e principalmente a cobrá-los de quem quer que seja, e é aí que vemos a diferença, pois o Poder Judiciário, com o passar do tempo, a partir desse marco, começou a notar a evolução da sua demanda tanto no aspecto quantitativo como qualitativo, e infelizmente não se preparou para esse momento".

9. A evolução da sociedade sempre foi influenciada por fenômenos sociais, econômicos e políticos, entre os quais podemos destacar a concentração em centros urbanos, a progressiva industrialização, a automação e expansão comercial, o desenvolvimento dos meios de comunicação e de transporte, a adoção do modelo capitalista de produção, a democratização do Estado, o crescente desemprego, a globalização, a internet, o rompimento de barreiras econômicas e a internacionalização dos mercados. Tudo isso fez surgir uma nova espécie de conflito social – *conflitos de massa* – que atingem e afetam não apenas o homem singularmente considerado, mas o homem socialmente organizado, o próprio gênero humano, a sociedade, a coletividade. Xisto Tiago de Medeiros Neto (2004, p. 110), analisando o contexto delineado, lembra que "os conflitos, por decorrência, adquiriram uma outra magnitude, de consideração coletiva, em um grau de elevada intensidade, não mais se subsumindo ao universo puramente intersubjetivo, tão característico do período liberal, clássico, impregnado de cogitações individualistas. É certo dizer, assim,

a efetividade dos direitos fundamentais, já que alguns deles são irreparáveis e outros não restam adequadamente reparados pela tutela meramente ressarcitória, que não garante o direito em si, mas sua mera integridade patrimonial. Houve, pois, a superação do patrimonialismo e a humanização do direito[10].

Nesse contexto, o direito fundamental à tutela jurisdicional efetiva assegura o gozo de todos os demais direitos em caso de

---

que os interesses coletivos (lato sensu) são típicos da sociedade contemporânea, que se voltou para uma perspectiva de caráter social, visualizando, dentro desse contexto, o homem e sua proteção, por ser imprescindível à sua própria existência". No particular, Luiz Guilherme Marinoni e Sérgio Cruz Arenhart (2003, p. 750) acrescentam que "a sociedade moderna caracteriza-se por uma profunda alteração no quadro dos direitos e na sua forma de atuação. De um lado, verifica-se a alteração substancial no perfil dos direitos desde sempre conhecidos, que assumem contornos completamente novos (basta pensar na função social do direito de propriedade, na publicização do direito privado e na privatização do direito público), e de outro a ampliação do próprio rol dos direitos, reconhecendo-se direitos tipicamente vinculados à sociedade de consumo e à economia de massa, padronizada e globalizada." Abordando a crise do paradigma liberal-individualista-positivista, Domingos Taciano Lepri Gomes (2006, p. 27) destaca que: "Por força das próprias lutas sociais empreendidas pelos trabalhadores aliadas a combates travados por grupos sociais não tão organizados em razão de uma identificação menos sólida de lutas, como estudantes, profissionais liberais ou a própria burguesia, deu-se a aceleração do processo de crise dos velhos paradigmas pregados e sustentados pelo liberalismo, passando-se a admitir, assim, a titularidade mais ampla para postulação em juízo: não só mais em interesse próprio vem o interessado em juízo defender seus interesses, vez que frente às inúmeras manifestações e combates travados no seio social, força-se o direito a buscar novos paradigmas para açambarcar uma compreensão multifacetada da realidade da sociedade emergente, em constante desenvolvimento, passando-se a absorver, pois, mediante a flexibilização dos antigos arquétipos normativos, conectados a novas formas de organização social, forma de se controlar, prever e dar um novo sentido aos conflitos intersubjetivos e intergrupais".

10. Para Salvador Franco de Lima Laurino (2010, p. 58-59), "a crença de que bastava pagar para tudo se permitir significava a própria negação do caráter imperativo das regras jurídicas. Essa concepção implicava a perpetuação do privilégio dos poderosos e, de consequência, a submissão dos mais fracos, que não poderiam ver o seu direito satisfeito senão mediante a transformação em moeda". Luiz Guilherme Marinoni (2006, p. 119) faz semelhante reflexão, ao pontuar que "quem transformou o dever de reparar o dano em obrigação de pagar dinheiro, desconsiderando as reais necessidades do direito substancial, foi a ideia de que todo direito poderia ser convertido em pecúnia, e que assim bastaria, para a tutela contra o dano, a condenação ao pagamento de dinheiro. Porém, a partir da vulgarização desta ideia, ninguém mais se deu ao trabalho de verificar – partindo da concepção de que os direitos, tais como concebidos na sociedade contemporânea, não podem ser convertidos em pecúnia (e assim das novas necessidades de tutela do direito substancial) – se o processo poderia prestar a reparação de dano na forma específica. Se o dever de reparar o dano é, antes de mais nada, uma obrigação de fazer, e o juiz, em face dos arts. 461 do CPC *[atualmente art. 497]* e 84 do CDC, pode ordenar um fazer sob pena de multa, estas devem ser consideradas as bases processuais da tutela ressarcitória na forma específica".

descumprimento concreto ou mera ameaça, fazendo-os valer de modo integral a partir da técnica processual mais adequada.

Assim, e no que toca ao objeto desta pesquisa, podemos afirmar que o controle judicial das despedidas arbitrárias ou sem justa causa deve ser implementado a partir da tutela específica dos direitos, de forma que deverá o juiz impor ao empregador a obrigação de fazer ou não fazer adequada para repelir a ameaça (tutela inibitória) ou desconstituir a despedida arbitrária ou sem justa causa (tutela de remoção do ilícito), fixando prazo razoável e as medidas coercitivas necessárias e adequada para forçar o cumprimento.

A tutela específica (seja inibitória ou de remoção de ilícito) é a mais adequada para o controle judicial das despedidas arbitrárias ou sem justa causa, a depender, evidentemente, das circunstâncias do caso concreto e do momento em que o Poder Judiciário é acionado. A tutela inibitória será adequada para evitar uma despedida arbitrária ou sem justa causa, impondo ao empregador uma obrigação de não fazer, enquanto a tutela de remoção do ilícito servirá para cessar os efeitos concretos do ato ilícito já praticado, ou seja, da despedida arbitrária ou sem justa causa, impondo a desconstituição da rescisão contratual e a reintegração do empregado.

Portanto, diante de indícios razoáveis ou de ameaça fundada[11], a tutela inibitória será adequada para assegurar a integridade do direito ao trabalho em si a partir de medidas que previnam o próprio ilícito, ou seja, evitem a despedida arbitrária ou sem justa causa. Deverá o Poder Judiciário fazer cessar a ameaça, impondo ao empregador a obrigação de abster-se de despedir o empregado, salvo por justa causa (art. 482 da CLT), ou outro motivo não arbitrário a ser previamente informado ao empregado, sob pena de multa ou outra medida coercitiva mais adequada.

11. A título de exemplo podemos citar a concessão de aviso prévio sem qualquer informação sobre o motivo da despedida e a existência de fortes rumores de despedida no âmbito da empresa sem qualquer motivação razoável.

Por outro lado, não será adequada a tutela inibitória caso a despedida tenha ocorrido de maneira imotivada e sem que o empregado tenha cometido falta grave, pois o ato ilícito já está consumado, não havendo mais o que prevenir. Caberá, então, a tutela de remoção do ilícito, com a desconstituição da rescisão contratual em razão de sua ilicitude e a consequente reintegração do trabalhador no respectivo emprego, valendo-se o juiz das medidas coercitivas necessárias e adequadas para assegurar o retorno ao *status quo ante*. Poderá, ainda nesse caso, ser deferida tutela inibitória concomitantemente, impondo ao empregador uma obrigação de não fazer consistente em não mais despedir o empregado, salvo por justa causa (art. 482 da CLT) ou outro motivo não arbitrário a ser previamente informado ao empregado, sob pena de multa.

Tudo isso, evidentemente, não exclui nem inviabiliza a possibilidade de cumulação da tutela específica com a tutela ressarcitória, sendo aquela para proteger e preservar o direito fundamental ao trabalho e esta para ressarcir os danos materiais e morais eventualmente ocasionados pela despedida arbitrária ou sem justa causa, inclusive o salário do período de afastamento indevido.

Fica claro, então, que a tutela meramente ressarcitória não se presta a restaurar a efetividade do direito fundamental ao trabalho, já que a monetarização deste não é coerente com um sistema constitucional pautado na dignidade da pessoa humana e na valorização do trabalho.

Ora, ao estabelecer a proteção da relação de emprego contra despedida arbitrária ou sem justa causa (art. 7º, I) e pautar a ordem econômica na valorização do trabalho humano e na busca do pleno emprego (art. 170), a Constituição Federal de 1988 certamente não pretendeu assegurar ampla liberdade ao empregador, de forma a limitar e restringir o direito fundamental ao trabalho (digno e decente) a uma singela compensação pecuniária, equivalente a 40% dos depósitos efetuados na conta vinculada do FGTS.

A mera indenização financeira (art. 10 do ADCT) não constitui, em definitivo, proteção adequada nem suficiente para o direito fundamental ao trabalho, devendo ser rechaçada qualquer tentativa de monetarização ou mercantilização, sob pena de perpetuar os abusos e privilégios ilegítimos dos empregadores em detrimento do mais caro valor constitucional, que é a dignidade da pessoa humana.

A tutela específica do direito previsto no art. 7.º, I, da Constituição Federal de 1988, portanto, deve proporcionar o bem da vida a que o trabalhador teria direito se o dispositivo não tivesse sido violado com uma despedida arbitrária ou sem justa causa, bem como assegurar o retorno ao *status quo ante*, o que só é possível a partir da desconstituição da rescisão contratual e reintegração do trabalhador (remoção do ilícito), devolvendo-lhe o emprego subtraído de maneira inconstitucional.

Nesse contexto, a reintegração só deve ser convertida em indenização compensatória a ser fixada pelo juiz (art. 499 do CPC) caso seja desaconselhável ou impossível em razão das circunstâncias do caso concreto ou a pedido do trabalhador, titular do direito. E mais, conforme exposto no capítulo anterior, a indenização será devida em razão da violação do direito fundamental ao trabalho, sem prejuízo da indenização prevista no art. 10 do ADCT para os casos de despedidas lícitas (ou seja, não arbitrárias).

3.2. EXTRAPETIÇÃO COMO REQUISITO NECESSÁRIO DA TUTELA EFETIVA E ESPECÍFICA DO DIREITO FUNDAMENTAL AO TRABALHO

Não obstante o alcance e a eficácia da proteção da relação de emprego contra despedida arbitrária ou sem justa causa, bem como a existência de técnica processual adequada para a tutela efetiva e específica dos direitos, os trabalhadores e respectivos advogados postulam, em regra, tutela meramente ressarcitória em face de despedidas arbitrárias e sem justa causa. A pretensão, no particular, é limitada a indenização prevista no art. 10 do ADCT, ou seja, multa de 40% do FGTS.

Abstraindo os reais e possíveis motivos deste procedimento, já que extrapolam o objetivo desta pesquisa, podemos afirmar que isso não impede o deferimento da tutela específica do direito fundamental ao trabalho de ofício pelo juiz, pois não prevalece mais a regra da adstrição ao pedido (arts. 141 e 492 do CPC).

Conforme José Roberto dos Santos Bedaque (2009, p. 70), o direito material é que deve limitar a atuação jurisdicional, já que fixa "a extensão do direito a ser reconhecido e atuado pelo juiz, que não deve ficar aquém, mas também não pode ir além do permitido pelo ordenamento material". Em outra obra (2010, p. 92), o autor sustenta que o processo é instrumento de realização do direito material e a forma o instrumento destinado a fazer com que aquele alcance seus objetivos, de maneira que "a forma não é fim, é meio. E como tal deve ser tratada".

Luiz Guilherme Marinoni (2010, p. 223), por sua vez, considera a quebra da regra da adstrição do juiz ao pedido uma das grandes inovações do direito processual brasileiro, tendo decorrido da tomada de consciência de que a efetiva tutela dos direitos depende da elasticidade do poder do juiz. Assim, para o autor, as disposições do art. 461 do CPC *[atualmente art. 497]* e art. 84 do Código de Defesa do Consumidor (Lei n.º 8.078/90) ampliaram o poder do juiz ao ponto de possibilitar a desvinculação do pedido e, em consequência, a concessão tanto da tutela solicitada quando outra que assegure o resultado prático equivalente. O juiz, ainda segundo o autor, "tem o poder de conceder o que foi pedido pelo autor, ou algo que, vindo em sua substituição, seja efetivo e proporcional, considerando-se os direitos do autor e do réu".

Em outra obra, o citado autor reafirma "a possibilidade de o juiz determinar atuação diferente daquela que foi pedida, desde que capaz de conferir resultado prático equivalente àquele que seria obtido em caso de adimplemento da obrigação originária". Refere-se, no particular, ao próprio pedido mediato, ou seja, "a providência (e não apenas o provimento ou o meio executivo) que foi pedida". Nesse sentido, e a partir da ideia de que "o juiz deve ter o poder decisório suficiente para garantir a adequada e efetiva tutela do direito", defende a possibilidade de sub-rogação de uma obrigação em outra para a obtenção da tutela específica ou do resultado prático equivalente ao do adimplemento. Para tanto, afirma que o juiz tanto pode deixar de atender o pedido formulado pelo autor (ainda que da tutela específica da obrigação originária) para deferir outra providência que assegure o resultado prático equivalente, como pode conceder a própria tutela específica da obrigação originária nos casos em que o pedido do autor é de providência equivalente (2006, p. 158-159).

No mesmo sentido, Sidnei Amendoeira Jr. (2006, p. 77) sustenta que o art. 461, §5º, do CPC *[atualmente art. 497]* permite ao juiz entregar "resultado equivalente ao pedido pela parte e não propriamente e apenas o resultado específico por ela pretendido, sem que isso importe em violação ao princípio da demanda". Para o autor, há impedimento de o juiz entregar tutela incompatível com a pedida, podendo, com isso, corrigir defeitos processuais, atuar de ofício no que toca à instrução e até conceder medidas que garantam o resultado útil do processo.

Júlio César Bebber (2011, p. 197), por sua vez, defende proposta de alteração da CLT[12] para fins de eliminação da regra que impõe a adstrição do juiz ao pedido, "liberando-o para conceder coisa diferente e/ou superior ao que fora pleiteado, diante da análise dos fatos e das provas presentes nos autos do processo", a partir da necessidade de uma maior aproximação entre o processo e o direito material, na busca por efetividade.

Sérgio Cruz Arenhart (2013), na mesma linha, defende a possibilidade de fungibilidade entre as tutelas inibitória, reintegratória e ressarcitória. Para o autor, a fungibilidade é possível por uma estrita questão de lógica, sendo, além disso, uma imposição necessária em concessão ao princípio da instrumentalidade, que preside o sistema processual brasileiro. Em consequência, o

12. Em consequência, propõe a adoção genérica da *ultra* e *extrapetição*, mediante a alteração da CLT para contemplar o seguinte dispositivo: "Art. 831-A. Analisados os fatos e provas presentes nos autos e observado o contraditório prévio, o juiz poderá proferir sentença de natureza diversa da pedida pelo autor, bem como condenar o réu em quantidade superior e em objeto diverso do que lhe foi demandado".

formalismo não deve se sobrepor à tutela adequada (ou, então, menos inadequada) do interesse e dos objetivos do processo.

Para José Roberto dos Santos Bedaque (2010, p. 109-110), o formalismo exagerado é incompatível com a visão social do processo, estando o Estado comprometido com a correta solução das controvérsias e não com a forma do processo. Ainda, conforme o autor, não se pode admitir que o rigor formal injustificado acabe produzindo injustiça no plano material, cabendo, no particular, a interpretação teleológica das regras sobre forma do ato processual (2010, p. 436). Quanto à fungibilidade, defende que "não deve ficar limitada às hipóteses previstas em lei ou consagradas na doutrina e na jurisprudência. É de ser considerado princípio geral do sistema processual, tanto quanto o da instrumentalidade das formas" (2010, p. 120), do qual é decorrência lógica.

Na prática, essa fungibilidade, plasticidade ou mesmo sub-rogação de uma obrigação em outra, em razão da quebra da adstrição do juiz ao pedido formulado pelo autor, significa que o juiz pode – de ofício – deferir a tutela específica do direito fundamental ao trabalho e determinar a reintegração do trabalhador quando constatar que a despedida foi arbitrária ou sem justa causa, mesmo nos casos em que pretensão deduzida é de uma tutela meramente ressarcitória (relativa à indenização prevista no art. 10 do ADCT).

Ora, como exposto acima, a tutela específica tem prioridade em relação a qualquer outra, pois proporciona exatamente o bem da vida a que o trabalhador teria direito se o dispositivo não tivesse sido violado com uma despedida arbitrária ou sem justa causa, bem como assegurar o retorno ao *status quo ante*. O que está em disputa não é a indenização, a reintegração ou outra providência equivalente, mas, na verdade, o direito fundamental ao emprego, que merece tutela efetiva e adequada. A proteção, portanto, seja por tutela ressarcitória ou específica, é do direito fundamental ao trabalho, caçando-se os atos ilícitos que implementaram a despedida arbitrária ou sem justa causa.

Assim, e considerando que o titular do direito é o trabalhador, a ele compete a escolha entre uma ou outra forma de tutela (ressarcitória ou específica do direito), na forma do art. 497 do CPC, pelo que é necessário, até mesmo em respeito ao necessário contraditório e ampla defesa, facultar às partes a possibilidade de se manifestarem sobre a tutela específica que se pretende deferir.

3.3. AS VANTAGENS DA TUTELA COLETIVA DO DIREITO FUNDAMENTAL AO TRABALHO

Ainda com base na Constituição Federal de 1988, podemos afirmar que o sistema brasileiro de acesso dos trabalhadores à Justiça do Trabalho é integrado de três subsistemas, e não de dois como ocorre com o sistema processual civil comum.

O primeiro deles – o individual – é regulado basicamente pelas disposições da CLT, assegurando o acesso do trabalhador à Justiça do Trabalho pelos dissídios individuais, sejam eles materializados em reclamações trabalhistas simples (individuais) ou plúrimas (em que há litisconsórcio ativo). O autor, nessas ações, é o próprio o trabalhador; o réu, em regra, o tomador de serviço e eventuais responsáveis subsidiários ou solidários.

O segundo subsistema, também regido pela CLT, mas fundamentado no Poder Normativo da Justiça do Trabalho, regula o acesso coletivo dos trabalhadores mediante dissídios coletivos de natureza econômica (caráter constitutivo, visando à criação de normas gerais e abstratas), jurídica (viés meramente declaratório, visando a interpretação de norma coletiva anterior ou pronunciamento sobre abusividade de greve) ou mista. Conforme Carlos Henrique Bezerra Leite (2008, p. 309), os dissídios coletivos são "ações destinadas à defesa de interesses gerais e abstratos da categoria, profissional ou econômica, que têm por objeto, via de regra, a criação de novas normas ou condições de trabalho mais benéficas que as previstas em lei". Como as sentenças normativas não possuem carga condenatória, os dissídios coletivos (também denominados ações coletivas *stricto sensu*) não viabilizam pretensões ressarcitórias. Possibilitam, no entanto, providências de cunho inibitório.

O terceiro subsistema, disciplinado pela Constituição Federal de 1988, pela Lei da Ação Civil Pública (Lei n.º 7.347/85), pelo Código de Defesa do Consumidor (Lei n.º 8.078/90), pelas Leis Orgânicas do Ministério Público da União (Lei Complementar n.º 75/93) e do Ministério Público dos Estados (Lei n.º 8.62593), entre outras leis esparsas, trata do acesso metaindividual[13] à Justiça do Trabalho, ou seja, da tutela dos direitos e interesses difusos, coletivos e individuais homogêneos[14]. Nesse subsistema, diferentemente do que ocorre com o anterior, não há

13. Responsável pela tutela dos conflitos de massa, esse subsistema é voltado para a socialização (função social) e democratização do processo. Busca-se a efetividade do processo e a pacificação social através da solução preventiva (tutela inibitória), homogênea e célere de questões que atingem um número, em regra, infindo de pessoas, liberando-as dos entraves das ações individuais. Por outro lado, protegem-se bens jurídicos cuja lesão pode ocasionar consequências algumas vezes imprevisíveis. A tutela coletiva, no particular, também contribui para a efetivação do amplo acesso à justiça, na medida em que ameniza barreiras de ordem econômica, financeira, técnica, cultural e psicológica, facilitando a defesa de interesses e direitos dos hipossuficientes ou grupos socialmente fragilizados (crianças, idosos, enfermos, consumidores, trabalhadores e outros grupos de vulneráveis), facilitando o acesso à justiça daqueles que individualmente não teriam meios (em razão do custo do processo) ou mesmo interesse (em razão da insignificância monetária do direito ou interesse) de litigar em juízo. Outra vantagem da tutela coletiva é a facilitação do tratamento processual de causas pulverizadas, conferindo tratamento molecular às lides, com significativa racionalização do próprio funcionamento do Poder Judiciário a partir da economia processual e uniformidade das decisões. Assegura-se, então, uma igualdade material entre os litigantes, na medida em que são neutralizadas as vantagens dos litigantes habituais e daqueles mais fortes pelo instituto da legitimidade extraordinária.

14. Devemos esclarecer que a classificação em difusos, coletivos e individuais homogêneos (conforme o art. 81 do Código de Defesa do Consumidor) leva em consideração o tipo de pretensão deduzida em juízo (causa de pedir e pedido) e não o fato/ato jurídico ou mesmo a matéria que motivou o ajuizamento da ação. Assim, um mesmo ato/fato pode ensejar pretensões visando à tutela de interesses difusos, coletivos ou individuais homogêneos, a depender do enfoque. No particular, Nelson Nery Júnior (1991, p. 25) classifica como erro metodológico a qualificação de um direito como sendo difuso, coletivo ou individual. Para o autor, "correntemente vê-se a afirmação de que o direito ao meio ambiente é difuso, o do consumidor é coletivo e o que o de indenização por prejuízos particulares seria individual. A afirmação não está correta nem errada. Apenas há engano na utilização do método para a definição qualificadora do direito ou interesse posto em jogo. A pedra de toque do método classificatório é o tipo de tutela jurisdicional que se pretende quando se propõe a competente ação judicial. Da ocorrência de um mesmo fato podem originar-se pretensões difusas, coletivas e individuais. O acidente com o 'Bateau Mouche IV', que teve lugar no Rio de Janeiro há alguns anos, pode ensejar ação de indenização individual por uma das vítimas do evento pelos prejuízos que sofreu (direito individual), ação de obrigação de fazer movida por associação das empresas de turismo que têm interesse na manutenção da boa imagem desse setor da economia (direito coletivo), bem como ação

a criação de novas condições de trabalho ou novas normas. Em regra, as ações são de natureza condenatória, impondo ao réu uma obrigação de fazer ou não fazer e/ou, ainda, a condenação em dinheiro, quando impossível ou inviável a tutela específica.

No âmbito trabalhista, caracterizado pela complexa e conflituosa relação entre o capital e o trabalho, a tutela coletiva possibilita a equivalência processual material entre trabalhadores e empregadores pela legitimidade extraordinária reconhecida a determinados órgãos e entidades (principalmente o Ministério Público do Trabalho e sindicatos), conferindo um maior equilíbrio entre as partes. Isso possibilita a prevenção ou reparação imediata da violação dos direitos dos trabalhadores mesmo na vigência da relação de trabalho[15], a partir da atuação efetiva e concreta dos respectivos substitutos processuais de forma genérica, sem individualização dos beneficiários e independentemente de autorização destes, evitando ou amenizando eventuais represálias por parte dos empregadores[16].

---

ajuizada pelo Ministério Público, em favor da vida e segurança das pessoas, para que seja interditada a embarcação a fim de se evitarem novos acidentes".

15. A realidade tem demonstrado que os trabalhadores só reivindicam seus direitos após o fim da relação laboral, em função do receio de ter o pacto rescindido na hipótese de demandar contra o empregador (ou tomador de serviço em geral) no curso daquela. Ao final do contrato, muitas vezes a pretensão do trabalhador tem sido atingida pela prescrição, ficando o trabalhador no prejuízo por não poder mais pleitear a devida reparação. Desse modo, o trabalhador geralmente tem ficado diante do seguinte dilema: demandar no curso da relação e correr o risco de perder o emprego ou aguardar o fim da relação para demandar e ter a pretensão ou parte dela fulminada pela prescrição. Assim, e apesar de assegurada a inafastabilidade da jurisdição e a proteção da relação de emprego pela Constituição Federal de 1988, o ajuizamento de reclamação trabalhista (ação individual) ainda tem ocasionado a dispensa de alguns trabalhadores. Essa questão tem conferido à Justiça do Trabalho o título de "*Justiça dos desempregados*", na medida em que os trabalhadores, em regra, só ingressam em juízo quando não estão mais empregados.

16. Ao tratar desse tema, Carlos Henrique Bezerra Leite (2002, p. 157) expõe que a jurisdição trabalhista metaindividual busca efetivar o princípio constitucional da igualdade substancial entre os cidadãos-trabalhadores, já que "o trabalhador sozinho apresenta-se bastante vulnerável para exercitar o direito constitucional de acesso ao Judiciário, máxime se levarmos em conta que a Justiça do Trabalho é, no plano real, a 'Justiça dos Desempregados', pois a regra geral é a de que o trabalhador, durante a vigência do contrato de trabalho, tem o fundado receio de perder o emprego. É a chamada paralisia temporária do direito de demandar. Daí a importância da implementação da jurisdição trabalhista metaindividual, que permite o acesso igualitário dos trabalhadores por meio de instituições ou associações que têm o papel de defender e proteger os interesses difusos, coletivos e individuais homogêneos e sem o temor de figurarem formalmente na relação jurídica processual".

Capítulo 4

ANÁLISE DA JURISPRUDÊNCIA DO TRIBUNAL SUPERIOR DO TRABALHO SOBRE AS DESPEDIDAS ARBITRÁRIAS OU SEM JUSTA CAUSA

Por disciplinar uma das facetas do direito fundamental ao trabalho (digno e decente), qual seja, a manutenção do emprego e sua proteção contra investidas arbitrárias e imotivadas do empregador, é evidente que o art. 7º, I, da Constituição Federal de 1988 não pode ser encarado como uma norma meramente programática e completamente dependente de legislação futura, mas, na verdade, como uma norma constitucional plenamente apta para ser aplicada de imediato a todas as relações de emprego.

A interpretação e aplicação do dispositivo constitucional deve buscar a máxima efetividade, assegurando, como consequência lógica, a reintegração do empregado despedido de forma arbitrária ou sem justa causa, ainda que não reste configurada qualquer hipótese específica de estabilidade ou de garantia do emprego, já que o resgate do contrato é consequência natural da nulidade da despedida.

Nesse contexto, cumpre analisar crítica e cientificamente a jurisprudência do Tribunal Superior do Trabalho sobre o art. 7º, I, da Constituição Federal, tratando em separado os casos de despedidas individuais e coletivas, com o que será possível afirmar, ao final, se a hipótese inicialmente prevista pode - ou não - ser tida como correta e verdadeira após mais de 3 décadas de vigência da proposta democrática e emancipadora materializada no Texto Constitucional promulgado em 05 de outubro de 1988.

4.1. DESPEDIDAS INDIVIDUAIS

O art. 7º, I, da Constituição Federal de 1988, em sua essência, pretendeu limitar o poder patronal (que não é absoluto) e eliminar a faculdade ou discricionariedade para a prática das despedidas arbitrárias ou sem justa causa, harmonizando os interesses do capital com os do trabalho. Cuidou o próprio constituinte de 1988 de classificar essas modalidades de despedida como antijurídicas.

Não obstante, a jurisprudência majoritária do Tribunal Superior do Trabalho ainda é no sentido de que a norma depende de regulamentação infraconstitucional, conferindo ao empregador o direito potestativo de despedir sem qualquer justificativa ou motivação[1]. O entendimento do Tribunal Superior do Trabalho prevalece inclusive em relação aos órgãos e entidades integran-

1. Ementa: DISCRIMINAÇÃO. DISPENSA ARBITRÁRIA. REINTEGRAÇÃO. IMPOSSIBILIDADE. É de eficácia limitada a norma do art. 7.º, I, da Constituição, sendo necessário que o legislador infraconstitucional atue positivamente para estabelecer a proteção contra a dispensa arbitrária prevista na Constituição. Portanto, não há qualquer base legal para se reconhecer estabilidade de empregado dispensado, ainda que reconhecida a discriminação na relação de emprego, sem prejuízo de eventual reparação por dano moral. Recurso de Revista não conhecido. EMPRESA PÚBLICA. CELETISTA. ESTABILIDADE. INEXISTÊNCIA. "Ao empregado de empresa pública ou de sociedade de economia mista, ainda que admitido mediante aprovação em concurso público, não é garantida a estabilidade prevista no art. 41 da CF/1988." Súmula 390, II. Recurso de Revista não conhecido. (TST - RR 7633000-19.2003.5.14.0900, Relator Ministro: José Simpliciano Fontes de F. Fernandes, Data de Julgamento: 24/09/2008, 2ª Turma, Data de Publicação: 13/10/2008)

tes da administração pública direta e indireta[2], contrariando, no particular, a jurisprudência do Supremo Tribunal Federal favorável à motivação da despedida em razão dos princípios da impessoalidade e da isonomia, previstos no *caput* do art. 37 da Constituição Federal de 1988[3].

É fato que houve, embora de forma tímida, certo avanço na jurisprudência do Tribunal Superior do Trabalho em relação às despedidas de cunho discriminatório ou abusivo, notadamente após a edição da Lei n.º 9.029/95, que "proíbe a exigência de atestados de gravidez e esterilização, e outras práticas discriminatórias, para efeitos admissionais ou de permanência da relação jurídica de trabalho, e dá outras providências".

Passou-se, então, a coibir e sancionar, por exemplo, a despedida de trabalhadores portadores de HIV[4] ou outras doenças

2. OJ-SDI1-247 SERVIDOR PÚBLICO. CELETISTA CONCURSADO. DESPEDIDA IMOTIVADA. EMPRESA PÚBLICA OU SOCIEDADE DE ECONOMIA MISTA. POSSIBILIDADE (alterada – Res. nº 143/2007) - DJ 13.11.2007 I - A despedida de empregados de empresa pública e de sociedade de economia mista, mesmo admitidos por concurso público, independe de ato motivado para sua validade; II - A validade do ato de despedida do empregado da Empresa Brasileira de Correios e Telégrafos (ECT) está condicionada à motivação, por gozar a empresa do mesmo tratamento destinado à Fazenda Pública em relação à imunidade tributária e à execução por precatório, além das prerrogativas de foro, prazos e custas processuais.
3. Ementa: EMPRESA BRASILEIRA DE CORREIOS E TELÉGRAFOS – ECT. DEMISSÃO IMOTIVADA DE SEUS EMPREGADOS. IMPOSSIBILIDADE. NECESSIDADE DE MOTIVAÇÃO DA DISPENSA. RE PARCIALMENTE PROVIDO. I - Os empregados públicos não fazem jus à estabilidade prevista no art. 41 da CF, salvo aqueles admitidos em período anterior ao advento da EC nº 19/1998. Precedentes. II - Em atenção, no entanto, aos princípios da impessoalidade e isonomia, que regem a admissão por concurso público, a dispensa do empregado de empresas públicas e sociedades de economia mista que prestam serviços públicos deve ser motivada, assegurando-se, assim, que tais princípios, observados no momento daquela admissão, sejam também respeitados por ocasião da dispensa. III – A motivação do ato de dispensa, assim, visa a resguardar o empregado de uma possível quebra do postulado da impessoalidade por parte do agente estatal investido do poder de demitir. IV - Recurso extraordinário parcialmente provido para afastar a aplicação, ao caso, do art. 41 da CF, exigindo-se, entretanto, a motivação para legitimar a rescisão unilateral do contrato de trabalho. (STF - RE 589998/PI Relator Ministro Ricardo Lewandowski, Data do Julgamento: 20/03/2013, Tribunal Pleno, Publicação DJe-179, 12/09/2013)
4. Súmula n.º 443 do Tribunal Superior do Trabalho: DISPENSA DISCRIMINATÓRIA. PRESUNÇÃO. EMPREGADO PORTADOR DE DOENÇA GRAVE. ESTIGMA OU PRECONCEITO. DIREITO À REINTEGRAÇÃO. Presume-se discriminatória a despedida de empregado portador do

graves[5-6] a despedida fundada em orientação sexual do trabalhador[7],

---

vírus HIV ou de outra doença grave que suscite estigma ou preconceito. Inválido o ato, o empregado tem direito à reintegração no emprego.

5. Recurso de Revista n° TST-RR-235400-84.2009.5.02.0070 - Recorrente MÁRCIA CECILIANO e Recorrido SÓ BLINDADOS VEÍCULOS LTDA. Ementa: RECURSO DE REVISTA. RECLAMANTE. INDENIZAÇÃO POR DANO MORAL. DISPENSA. EMPREGADA PORTADORA DE DOENÇA GRAVE. CÂNCER. DISCRIMINAÇÃO. Embora a dispensa sem justa causa seja direito potestativo do empregador, em algumas circunstâncias pode-se configurar o abuso desse direito, principalmente quando o empregado é acometido de doença grave. No caso dos autos, o Regional registrou que houve dispensa abusiva, uma vez que se deu por discriminação (tanto assim, que foi mantida a reintegração ao emprego). Também consignou que o motivo foi desqualificante para a empregada, já que a doença a incapacitaria de colaborar com o desenvolvimento da empresa, o que acarretou profunda angústia na trabalhadora. A situação fática descrita autoriza a conclusão de que os requisitos para concessão da indenização foram preenchidos (dor moral, nexo de causalidade entre a ação e o dano, e culpa da empregadora). Recurso de revista de que se conhece e a que se dá provimento.
6. Ementa: RECURSO DE REVISTA. ASSÉDIO MORAL. DISCRIMINAÇÃO. O direito a danos morais supõe a existência de dano, o nexo de causalidade, bem como a culpa do empregador. Evidenciados: 1) o dano, "assédio moral sofrido pelo empregado", ante o tratamento discriminatório dispensado por atos de seus colegas de trabalho e superiores, consistente no isolamento e restrição quanto ao uso do banheiro e bebedouro; 2) o nexo de causalidade entre a conduta da empresa e o assédio moral sofrido pelo autor; 3) a culpa, já que a reclamada não tomou qualquer medida para coibir tal prática. Diante desse contexto, inarredável a obrigação de indenizar. Recurso de revista não conhecido. DISPENSA DISCRIMINATÓRIA. INDENIZAÇÃO PREVISTA NA LEI Nº 9.029/95. DANO MATERIAL. Restou caracterizada a dispensa discriminatória, por estar o reclamante acometido da doença hanseníase. A reclamada, ao alegar que teria dispensado o obreiro, por necessidade de redução do seu quadro, atraiu para si o ônus probatório, do qual não se desincumbiu. Por outro lado, esta Corte tem entendido que o rol previsto no artigo 1º da lei nº 9.029/95 é meramente exemplificativo. Precedentes. Recurso de revista não conhecido. VALOR DA INDENIZAÇÃO POR DANOS MORAIS. O Tribunal Regional, ao fixar o montante da indenização, levou em consideração o caráter punitivo-pedagógico da condenação, a gravidade da conduta, a capacidade econômica do ofensor e o caráter compensatório para a vítima. Incólumes, pois, os dispositivos legais apontados. Recurso de revista não conhecido. INDENIZAÇÃO POR CONTRATAÇÃO DE HONORÁRIOS ADVOCATÍCIOS OBRIGACIONAIS. IMPOSSIBILIDADE. Não se admite a aplicação supletiva das disposições contidas em legislação diversa, para deferir honorários de advogado a título de indenização, uma vez que a matéria se encontra regulada em legislação própria aplicável aos honorários de advogado nas demandas processadas perante a Justiça do Trabalho. Recurso de revista conhecido e provido, no particular. (TST - RR - 523-79.2012.5.08.0119, Relator Ministro: Emmanoel Pereira, Data de Julgamento: 24/04/2013, 5ª Turma, Data de Publicação: 03/05/2013)
7. Ementa: AGRAVO DE INSTRUMENTO. RECURSO DE REVISTA. DISPENSA ARBITRÁRIA. DANO MORAL. DISCRIMINAÇÃO SEXUAL. REEXAME DE FATOS E PROVAS. A Corte de origem, valorando o conjunto fático-probatório dos autos, concluiu que ficou demonstrado que a dispensa do reclamante se deu em razão de prática discriminatória decorrente de sua opção sexual, motivo que, não bastasse estar totalmente desvinculado do liame jurídico que une empregado e empregador por meio do contrato de trabalho, revela-se violador dos direitos personalíssimos do ser humano, o qual encontra sua máxima expressão na liberdade de escolha, entre a qual se insere a de definir, livremente, a opção sexual. Nesse contexto, para se concluir de forma diversa, no sentido de que não foi adotada pela reclamada nenhuma conduta violadora da dignidade da pessoa humana, seria imprescindível

idade[8], religião, ideologia política ou mesmo como reação ao

a reapreciação da prova coligida aos autos, procedimento vedado, nesta fase recursal de natureza extraordinária, a teor da Súmula nº 126 do TST. Agravo de instrumento a que se nega provimento. (TST - AIRR - 74240-53.2002.5.02.0019, Relator Ministro: Walmir Oliveira da Costa, Data de Julgamento: 09/02/2011, 1ª Turma, Data de Publicação: 18/02/2011) Ementa: (...) DISPENSA POR ATO DISCRIMINATÓRIO. HOMOSSEXUALIDADE. ART. 4º, II, DA LEI 9.029/95. Independentemente do pedido de indenização por danos morais e materiais, o eg. Regional considerou aplicável o que preceituado na Lei 9.029/95, em seu art. 4º, II (dobro da remuneração do período de afastamento), dado o caráter discriminatório da dispensa. Este Tribunal tem considerado que a Lei 9.029/95, em seu art. 1º, contém descrição que se entende meramente exemplificativa, sem esgotar as hipóteses. Assim, a dispensa levada a efeito em face da opção sexual do Reclamante, embora não expressamente inserida na exemplificação legal, constitui também situação ensejadora da indenização prevista no art. 4º, II, daquela lei, o qual não pode ser tido como vulnerado em face disso. Violação legal não configurada. Recurso de Revista não conhecido. (...) DISPENSA POR ATO DISCRIMINATÓRIO. ART. 4º, II, DA LEI 9.029/95. LIMITE TEMPORAL PARA CÁLCULO. O eg. Regional entendeu que o efeito pecuniário previsto no art. 4º, II, da Lei 9.029/95 deve ser entendido como aquele que vai da dispensa até o trânsito em julgado da decisão, já que a reintegração, se houvesse, se daria nesse último. O Recorrente aduz que o período deve se limitar à data da sentença. Não se vislumbra adequação da invocada Súmula 28 do TST, em se tratando da Lei 9.029/95. Essa lei cuida de opção do empregado, que se manifesta no pedido formulado judicialmente, não se compatibilizando com o termo "converter", empregado na mencionada Súmula 28. De outro lado, faltam nela elementos mais específicos da situação em tela, de modo a tornar indubitável sua aplicação ao caso presente e evitar desvio do real propósito de pacificação jurisprudencial. Quanto aos arestos transcritos e a invocação da Orientação Jurisprudencial 65 da SBDI-2, tem-se não cuidarem da questão em causa (período a ser considerado na aplicação judicial do inciso II, do art. 4º, da Lei 9.029/95). Inespecíficos, pois. Recurso de Revista não conhecido. RECURSO DE REVISTA DO RECLAMANTE IRREGULARIDADE DE REPRESENTAÇÃO. ADVOGADO SUBSCRITOR DO RECURSO ORDINÁRIO DO RECLAMADO. A Corte Regional considerou válido o documento de procuração apresentado, afastando as supostas irregularidades. O entendimento adotado para cada obstáculo oposto revela consonância com o princípio da boa-fé das partes, havendo de estar flagrantemente caracterizado o vício. In casu, as irregularidades arguidas configuram questões acidentais de pequeno vulto, presas a um formalismo que não se coaduna com o caráter pragmático do processo trabalhista. Violação de lei não configurada, pois. A Súmula 383 do TST, ainda que possa representar dissenso com um dos fundamentos, por não abranger o principal, não pode ser utilizada como ensejadora de conhecimento do Recurso de Revista. Inespecificidade da Súmula 164 do TST. Aplicação, quanto aos arestos, das Súmulas 23 e 296 do TST. Recurso de Revista não conhecido. (TST - RR - 101900-52.2004.5.05.0024, Relator Ministro: José Simpliciano Fontes de F. Fernandes, Data de Julgamento: 15/04/2009, 2ª Turma, Data de Publicação: 09/10/2009)

8. Ementa: RECURSO DE REVISTA DO BANESTES. 1. DISPENSA DISCRIMINATÓRIA. IDOSO. Depreende-se do acórdão regional que a Resolução nº 696/2008, a qual deu ensejo à dispensa da autora, consubstancia-se em um procedimento discriminatório criado pelo reclamado para expulsar os velhos empregados, com a finalidade expressa de trocá-los por funcionários mais novos. Nesse contexto, não prospera a apontada mácula aos artigos 1º, IV, e 170, VIII, da CF e 4º, II, da Lei nº 9.029/95. Recurso de revista não conhecido. 2. INDENIZAÇÃO POR DANO MATERIAL. O recurso de revista encontra-se desfundamentado neste ponto, já que o reclamado não aponta nenhuma violação legal ou constitucional, contrariedade a súmula desta Corte ou divergência jurisprudencial. Não atendidos, portan-

ajuizamento de ação trabalhista[9] e a atuação como testemunha em processo judicial, assegurando a reintegração ou uma indenização adicional.

No entanto, a jurisprudência do Tribunal Superior do Trabalho continua considerando lícita e regular tanto a despedida imotivada quanto a sem justa causa, impondo, nesses casos, apenas a concessão do aviso prévio e o pagamento da multa de 40% do FGTS. Apenas as despedidas discriminatórias são sancionadas.

O entendimento do Tribunal Superior do Trabalho é baseado em uma lógica inversa, já que considera a despedida imotivada, a princípio e em tese, não arbitrária. Entretanto, a despedida sem motivação deveria ser presumida arbitrária, já que o imotivado é arbitrário e abusivo, na medida em que sujeita o trabalhador ao empregador. O correto, então, seria que todas as despedidas imotivadas fossem consideradas arbitrárias.

O ideal, portanto, seria a exigibilidade de motivação expressa para toda e qualquer despedida, pois só assim os trabalhadores

to, os requisitos do artigo 896 da CLT. Recurso de revista não conhecido. 3. INDENIZAÇÃO POR DANOS MORAIS. Verifica-se do acórdão regional que o dano moral restou evidente da conduta discriminatória praticada pelo reclamado. Nesse passo, não há falar em violação do art. 5º, X, da CF, mas sim em sua correta aplicação. Recurso de revista não conhecido. (...) (TST - RR - 84400-81.2010.5.17.0006, Relatora Ministra: Dora Maria da Costa, Data de Julgamento: 12/06/2013, 8ª Turma, Data de Publicação: 14/06/2013)

9. Ementa: DISPENSA RETALIATÓRIA - DISCRIMINAÇÃO EM RAZÃO DO AJUIZAMENTO DE RECLAMATÓRIA TRABALHISTA - ABUSO DE DIREITO - REINTEGRAÇÃO Demonstrado o caráter retaliatório da dispensa promovida pela Empresa, em face do ajuizamento de ação trabalhista por parte do Empregado, ao ameaçar demitir os empregados que não desistissem das reclamatórias ajuizadas, há agravamento da situação de fato no processo em curso, justificando o pleito de preservação do emprego. A dispensa, nessa hipótese, apresenta-se discriminatória e, se não reconhecido esse caráter à despedida, a Justiça do Trabalho passa a ser apenas a justiça dos desempregados, ante o temor de ingresso em juízo durante a relação empregatícia. Garantir ao trabalhador o acesso direto à Justiça, independentemente da atuação do Sindicato ou do Ministério Público, decorre do texto constitucional (CF, art. 5º, XXXV), e da Declaração Universal dos Direitos Humanos de 1948 (arts. VIII e X), sendo vedada a discriminação no emprego (convenções 111 e 117 da OIT) e assegurada ao trabalhador a identidade frente a eventuais retaliações do empregador (cfr. Augusto César Leite de Carvalho, - Direito Fundamental de Ação Trabalhista-, in Revista Trabalhista: Direito e Processo, Anamatra - Forense, ano 1, v.1, n. 1 - jan/mar 2002 - Rio). Diante de tal quadro, o pleito reintegratório merece agasalho. Recurso de embargos conhecido e provido. (TST - E-RR - 7633000-19.2003.5.14.0900, Relator Ministro: Ives Gandra Martins Filho, Data de Julgamento: 29/03/2012, Subseção I Especializada em Dissídios Individuais, Data de Publicação: 13/04/2012).

saberiam os reais motivos de tal ato e o empregador não teria liberdade para cometer as mais diversas arbitrariedades.

Do contrário, em permanecendo o entendimento vigente, de que adianta proteger a relação de emprego contra despedida arbitrária, sem justa causa e discriminatória e permitir ao empregador a denúncia vazia ou imotivada do contrato de emprego?

Ora, como exposto anteriormente, negar a obrigatoriedade da motivação do ato de dispensa, autorizando despedidas imotivadas sob o simples rótulo de *sem justa causa*, é vulnerar o art. 7º, I, chancelando dispensas muitas vezes arbitrárias e discriminatórias, vedadas pela Constituição Federal de 1988 e pela Lei n.º 9.029/95. É, em outras palavras, *proteger desprotegendo*, o que não parece adequado nem coerente com o propósito de valorizar o trabalho e assegurar dignidade à pessoa humana.

Parece evidente, portanto, que a hipótese da presente pesquisa é confirmada em relação às despedidas individuais, já que a jurisprudência dominante do Tribunal Superior do Trabalho não assegura efetiva proteção contra a despedida arbitrária ou sem justa causa, na forma prevista no art. 7º, I, da Constituição Federal. A proteção só é efetiva nas hipóteses de despedidas discriminatórias. Nos demais casos, a proteção é limitada ao pagamento da multa rescisória, que não recompõe integralmente o patrimônio jurídico do empregado despedido nem tem força sequer para inibir despedidas arbitrárias.

4.2. DESPEDIDAS COLETIVAS

No âmbito das despedidas coletivas ou em massa de trabalhadores, o Tribunal Superior do Trabalho firmou relevante precedente quando do julgamento do *leading case* EMBRAER[10] em 2009, conforme acórdão assim emendado:

10. Recurso Ordinário em Dissídio Coletivo nº TST-RODC-309/2009-000-15-00.4 - Recorrentes EMPRESA BRASILEIRA DE AERONÁUTICA S.A. - EMBRAER E OUTRA, SINDICATO DOS METALÚRGICOS DE SÃO JOSÉ DOS CAMPOS E REGIÃO E OUTROS e SINDICATO DOS TRABALHADORES NAS INDÚSTRIAS DE CONSTRUÇÃO DE AERONAVES, EQUIPAMENTOS GERAIS AEROESPACIAL, AEROPEÇAS, MONTAGEM E REPARAÇÃO DE AERONAVES E INSTRUMENTOS AEROESPACIAL DO ESTADO DE SÃO PAULO - SINDIAEROESPACIAL e Recorridos OS MESMOS.

RECURSO ORDINÁRIO EM DISSÍDIO COLETIVO. DISPENSAS TRABALHISTAS COLETIVAS. MATÉRIA DE DIREITO COLETIVO. IMPERATIVA INTERVENIÊNCIA SINDICAL. RESTRIÇÕES JURÍDICAS ÀS DISPENSAS COLETIVAS. ORDEM CONSTITUCIONAL E INFRACONSTITUCIONAL DEMOCRÁTICA EXISTENTE DESDE 1988. A sociedade produzida pelo sistema capitalista é, essencialmente, uma sociedade de massas. A lógica de funcionamento do sistema econômico-social induz a concentração e centralização não apenas de riquezas, mas também de comunidades, dinâmicas socioeconômicas e de problemas destas resultantes. A massificação das dinâmicas e dos problemas das pessoas e grupos sociais nas comunidades humanas, hoje, impacta de modo frontal a estrutura e o funcionamento operacional do próprio Direito. Parte significativa dos danos mais relevantes na presente sociedade e das correspondentes pretensões jurídicas têm natureza massiva. O caráter massivo de tais danos e pretensões obriga o Direito a se adequar, deslocando-se da matriz individualista de enfoque, compreensão e enfrentamento dos problemas a que tradicionalmente perfilou-se. A construção de uma matriz jurídica adequada à massividade dos danos e pretensões característicos de uma sociedade contemporânea – sem prejuízo da preservação da matriz individualista, apta a tratar os danos e pretensões de natureza estritamente atomizada – é, talvez, o desafio mais moderno proposto ao universo jurídico, e é sob esse aspecto que a questão aqui proposta será analisada. As dispensas coletivas realizadas de maneira maciça e avassaladora, somente seriam juridicamente possíveis em um campo normativo hiperindividualista, sem qualquer regulamentação social, instigador da existência de mercado hobbesiano na vida econômica, inclusive entre empresas e trabalhadores, tal como, por exemplo, respaldado por Carta Constitucional como a de 1891, já há mais um século superada no país. Na vigência da Constituição de 1988, das convenções internacionais da OIT ratificadas pelo Brasil relativas a direitos humanos e, por consequência, direitos trabalhistas, e em face da leitura atualizada da legislação infraconstitucional do país, é inevitável concluir-se pela presença de um Estado Democrático de Direito no Brasil, de um regime de império da norma jurídica (e não do poder incontrastável privado), de uma sociedade civilizada, de uma cultura de bem-estar social e respeito à dignidade dos seres humanos, tudo repelindo, imperativamente, dispensas massivas de pessoas, abalando empresa, cidade e toda uma importante região. Em consequência, fica fixada, por interpretação da ordem jurídica, a premissa de que "a negociação coletiva é imprescindível para a dispensa em massa de trabalhadores". DISPENSAS COLETIVAS TRABALHISTAS. EFEITOS JURÍDICOS. A ordem constitucional e infraconstitucional democrática brasileira, desde a Constituição de 1988 e diplomas internacionais ratificados (Convenções OIT n. 11, 87, 98, 135, 141 e 151, ilustrativamente), não permite o manejo meramente unilateral e potestativista das dispensas trabalhistas coletivas, por de tratar de ato/fato coletivo, inerente ao Direito Coletivo do Trabalho, e não Direito Individual, exigindo, por consequência, a participação do(s) respectivo(s) sindicato(s) profissional(is) obreiro(s). Regras e princípios constitucionais que determinam o respeito à dignidade da pessoa humana (art. 1o, III, CF), a valorização do trabalho e especialmente do emprego (arts. 1o, IV, 6o e 170, VIII, CF), a subordinação da propriedade à sua função socioambiental (arts. 5o, XXIII e 170, III, CF) e a intervenção sindical nas questões coletivas trabalhistas (art. 8o, III e VI, CF), tudo impõe que se reconheça distinção normativa entre as dispensas meramente tópicas e individuais e as dispensas massivas, coletivas, as quais são social, econômica, familiar e comunitariamente impactantes. Nesta linha, seria inválida a dispensa coletiva enquanto não negociada com o sindicato de trabalhadores, espontaneamente ou no plano do processo judicial coletivo. A d. Maioria, contudo, decidiu apenas fixar a premissa, para casos futuros, de que "a negociação coletiva é imprescindível para a dispensa em massa de trabalhadores", observados os fundamentos supra. Recurso ordinário a que se dá provimento parcial.

O curioso, no particular, é que o Tribunal Superior do Trabalho reconheceu e fixou, ao final do julgamento, "a premissa, para casos futuros, de que 'a negociação coletiva é imprescindível para a dispensa em massa de trabalhadores'". Em outras palavras: reconheceu um procedimento como injusto e inadequado, mas deixou de sancioná-lo, deliberando, no entanto, para os casos futuros.

Esse procedimento, em tese, parece incoerente e fere a lógica do sistema judicial. Ora, se a negociação coletiva é imprescindível para a dispensa em massa de trabalhadores, ela valeria indistintamente para todas as categorias, seja ontem (leia-se após a promulgação da Constituição Federal de 1988), hoje ou amanhã.

Não parece razoável, *data venia*, sustentar que a moldura normativa brasileira estabelece uma espécie de *vacatio legis* também para as decisões judiciais, ou seja, um prazo de maturação e conhecimento das deliberações judiciais para que as mesmas sejam observadas e passem a orientar as condutas dos particulares.

Ora, as decisões judiciais, ainda que tratem sobre casos inéditos e não disciplinados expressamente em norma jurídica, devem receber o tratamento mais justo e equânime, considerando os valores vigentes na sociedade naquele momento.

O Tribunal Superior do Trabalho fixou, ao que parece, típica norma de conduta, a ser observada pelos empregados e empregadores nos casos de futuras despedidas coletivas, não obstante a ausência de previsão legal específica para deliberar ou inovar abstratamente no campo dos direitos e obrigações[11]. A incoerência lógica é ainda maior se considerarmos que o Tribunal Superior do Trabalho reconheceu que não havia norma

11. Como previsto na Constituição Federal, o Poder Judiciário só pode deliberar com caráter vinculante e em abstrato nas ações de controle de constitucionalidade (ADI, ADC e ADPF), nas súmulas vinculantes e nas sentenças normativas proferidas pela Justiça do Trabalho em sede de Dissídio Coletivo. Entretanto, pode firmar precedente com caráter obrigatório no julgamento de caso concreto, para fins de uniformização da jurisprudência, nas hipóteses previstas nos incisos III a V do art. 927 do CPC.

expressa tutelando a proteção contra despedida arbitrária, mas tentou inovar no campo reservado para a legislação, que é a criação de normas gerais, vinculantes e abstratas.

Ou seja: o Tribunal entendeu que não poderia assegurar direitos aos trabalhadores dispensados arbitrariamente pela ausência de norma expressa (deixando de efetivar o direito), mas poderia criar norma de conduta (obrigação geral, abstrata e vinculante) para observância pelos empregados e empregadores nos casos futuros.

Enfim, no caso EMBRAER o Tribunal Superior do Trabalho falhou ao deixar de atuar onde podia e devia (assegurando a proteção contra despedida arbitrária) e atuou expressamente em área que lhe falecia competência (fixação de regras de condutas para o futuro).

A decisão foi, também, contraditória, na medida em que reconheceu expressamente o direito à negociação coletiva prévia e deixou de aplicá-lo ao caso concreto. E mais, embora reconhecendo o ineditismo do tema, a falta de expressa previsão legal e de precedente sobre a matéria, a maioria dos Ministros do Tribunal Superior do Trabalho deixou de seguir o balizado entendimento manifestado pelo Relator sob o argumento, simplório e despido qualquer atividade interpretativa e integrativa do direito, de que a norma do art. 7º, I, da Constituição Federal é de eficácia limitada.

Assim, o precedente do Tribunal Superior do Trabalho no caso EMBRAER revelou-se incompatível com o senso de justiça e bem-estar social, na medida em que não se amoldou aos anseios sociais, privilegiou indistintamente os empregadores e não atendeu aos ditames da justiça social.

Não obstante, o entendimento firmado no caso EMBRAER balizou as decisões do Tribunal Superior do Trabalho a partir de então, sendo aplicado aos casos da BEKUM

DO BRASIL[12] (em novembro de 2011), CAF[13] (em agosto de

12. Recurso Ordinário em Dissídio Coletivo nº TST-RODC-2004700-91.2009.5.02.0000 – Recorrente BEKUM DO BRASIL - INDÚSTRIA E COMÉRCIO LTDA. (EM RECUPERAÇÃO JUDICIAL) e Recorrido SINDICATO DOS TRABALHADORES NAS INDÚSTRIAS METALÚRGICAS, MECÂNICAS E DE MATERIAL ELÉTRICO DE SÃO PAULO, MOGI DAS CRUZES - SP. Ementa: DISSÍDIO COLETIVO DE GREVE. COMPETÊNCIA MATERIAL. Trata-se de dissídio coletivo de greve ajuizado pelo Sindicato dos Trabalhadores nas Indústrias Metalúrgicas, Mecânicas e de Material Elétrico de São Paulo, Mogi das Cruzes-SP, em que se discute a demissão em massa ocorrida na empresa BEKUM DO BRASIL e o pedido de declaração de legalidade da greve feita em decorrência dessas dispensas. A ação ajuizada, bem como a matéria em discussão, greve em face de dispensa em massa, tem natureza tipicamente coletiva, cuja competência para julgamento é dos Tribunais Regionais do Trabalho, nos termos do art. 114, II e IX, § 2º, da CF, c/c o art. 678, I, a, da CLT. Recurso ordinário a que se nega provimento. FALTA DE COMUM ACORDO. A jurisprudência desta Corte é firme ao estabelecer que apenas nos dissídios coletivos econômicos, instaurados sem greve, deve ser observado o pressuposto processual do comum acordo, fixado pela Emenda Constitucional 45/2004, no § 2º do art. 114 da Constituição. Recurso ordinário a que se nega provimento. DISSÍDIO COLETIVO DE GREVE - ASSEMBLEIA - FALTA DE QUORUM. ABUSIVIDADE. O requisito da autorização da categoria, para realização de assembleia, nem sempre é necessário para legitimar o sindicato próprio para o ajuizamento de dissídio coletivo, principalmente em caso como o dos autos. Trata-se, portanto, de caso de descumprimento de obrigação legal, constituindo-se situação autorizadora da greve sem caráter abusivo. O salário tem natureza alimentícia e o não pagamento importa o descumprimento de obrigação de lei. A dispensa sem justa causa traz prejuízos graves ao trabalhador, de modo que pode conduzir a um exame menos rigoroso quanto ao cumprimento, pelos empregados, dos requisitos formais para a eclosão da greve. Também não comprovou a recorrente que as atitudes dos grevistas trouxeram prejuízos irreparáveis ao funcionamento da empresa, mesmo porque já estava em fase de encerramento de suas atividades. Mantém-se, portanto, a decisão do Tribunal Regional, que declarou a greve não abusiva. Recurso ordinário a que se nega provimento. DISPENSA COLETIVA. NEGOCIAÇÃO COLETIVA. A despedida individual é regida pelo Direito Individual do Trabalho, que possibilita à empresa não motivar nem justificar o ato, bastando homologar a rescisão e pagar as verbas rescisórias. Todavia, quando se trata de despedida coletiva, que atinge um grande número de trabalhadores, devem ser observados os princípios e regras do Direito Coletivo do Trabalho, que seguem determinados procedimentos, tais como a negociação coletiva. Não há proibição de despedida coletiva, principalmente em casos em que não há mais condições de trabalho na empresa. No entanto, devem ser observados os princípios previstos na Constituição Federal, da dignidade da pessoa humana, do valor social do trabalho e da função social da empresa, previstos nos artigos 1º, III e IV, e 170, caput e III, da CF; da democracia na relação trabalho capital e da negociação coletiva para solução dos conflitos coletivos, (arts. 7º, XXVI, 8º, III e VI, e 10 e 11 da CF), bem como as Convenções Internacionais da OIT, ratificadas pelo Brasil, nas Recomendações nos 98, 135 e 154, e, finalmente, o princípio do direito à informação previsto na Recomendação nº 163, da OIT, e no artigo 5º, XIV, da CF. No caso dos autos, a empresa, além de dispensar os empregados de forma arbitrária, não pagou as verbas rescisórias, deixando de observar os princípios básicos que devem nortear as relações de trabalho. A negociação coletiva entre as partes é essencial nestes casos, a fim de que a dispensa coletiva traga menos impacto social, atendendo às necessidades dos trabalhadores, considerados hipossuficientes. Precedente. Todavia, não há fundamento para deferimento de licença remunerada pelo prazo de sessenta dias, principalmente porque a empresa encontra-se em processo de recuperação judicial. Recurso ordinário a que se dá provimento parcial.
13. Recurso Ordinário nº TST-RO-173-02.2011.5.15.0000 - Recorrente CAF BRASIL INDÚSTRIA E COMÉRCIO S.A. e Recorrido SINDICATO DOS TRABALHADORES NAS INDÚSTRIAS

METALÚRGICAS, MECÂNICAS E DE MATERIAL ELÉTRICO, ELETRÔNICO E FIBRA ÓPTICA DE CAMPINAS E REGIÃO. Ementa: "RECURSO ORDINÁRIO EM DISSÍDIO COLETIVO DE GREVE. DISPENSA TRABALHISTA COLETIVA. IMPERATIVA INTERVENIÊNCIA SINDICAL. ORDEM CONSTITUCIONAL. PROIBIÇÃO DE DESCONTO DOS DIAS PARADOS. INCIDÊNCIA DAS REGRAS ORIUNDAS DAS CONVENÇÕES DA OIT Nº 11, 98, 135, 141 E 151; E DA CONSTITUIÇÃO FEDERAL BRASILEIRA DE 1988 – ARTS. 1º, III, 5º, XXIII, 7º, I, 8º, III E VI, 170, III E VIII. A dispensa coletiva é questão grupal, massiva, comunitária, inerente aos poderes da negociação coletiva trabalhista, a qual exige, pela Constituição Federal, em seu art. 8º, III e VI, a necessária participação do Sindicato. Trata-se de princípio e regra constitucionais trabalhistas, e, portanto, critério normativo integrante do Direito do Trabalho (art. 8º, III e VI, CF). Por ser matéria afeta ao direito coletivo trabalhista, a atuação obreira na questão está fundamentalmente restrita às entidades sindicais, que devem representar os trabalhadores, defendendo os seus interesses perante a empresa, de modo que a situação se resolva de maneira menos gravosa para os trabalhadores, que são, claramente, a parte menos privilegiada da relação trabalhista. As dispensas coletivas de trabalhadores, substantiva e proporcionalmente distintas das dispensas individuais, não podem ser exercitadas de modo unilateral e potestativo pelo empregador, sendo matéria de Direito Coletivo do Trabalho, devendo ser submetidas à prévia negociação coletiva trabalhista ou, sendo inviável, ao processo judicial de dissídio coletivo, que irá lhe regular os termos e efeitos pertinentes. É que a negociação coletiva ou a sentença normativa fixarão as condutas para o enfrentamento da crise econômica empresarial, atenuando o impacto da dispensa coletiva, com a adoção de certas medidas ao conjunto dos trabalhadores ou a uma parcela deles, seja pela adoção da suspensão do contrato de trabalho para participação do empregado em curso ou programa de qualificação profissional oferecido pelo empregador (art. 476-a da CLT), seja pela criação de Programas de Demissão Voluntária (PDVs), seja pela observação de outras fórmulas atenuantes instituídas pelas partes coletivas negociadas. Além disso, para os casos em que a dispensa seja inevitável, critérios de preferência social devem ser eleitos pela negociação coletiva, tais como a despedida dos mais jovens em benefício dos mais velhos, dos que não tenham encargos familiares em benefício dos que tenham, e assim sucessivamente. Evidentemente que os trabalhadores protegidos por garantias de emprego, tais como licença previdenciária, ou com debilidades físicas reconhecidas, portadores de necessidades especiais, gestantes, dirigentes sindicais e diretores eleitos de CIPAs, além de outros casos, se houver, deverão ser excluídos do rol dos passíveis de desligamento. Inclusive esta Seção de Dissídios Coletivos, no julgamento do recurso ordinário interposto no dissídio coletivo ajuizado pelo Sindicato dos Metalúrgicos de São José dos Campos e Região e outros em face da Empresa Brasileira de Aeronáutica – EMBRAER S/A e outra (processo n. TST-RODC-30900-12.2009.5.15.0000), em que também se discutiu os efeitos jurídicos da dispensa coletiva, fixou a premissa, para casos futuros de que a negociação coletiva é imprescindível para a dispensa em massa de trabalhadores. No caso concreto – em que a empresa comunicou aos trabalhadores que promoveria a dispensa de 200 empregados, equivalente a 20% da mão de obra contratada -, a atuação do Sindicato foi decisiva para que fosse minimizado o impacto da dispensa coletiva. A interferência da entidade sindical propiciou aos desligados um implemento das condições normais da dispensa, com o estabelecimento de diversos direitos de inquestionável efeito atenuante ao abalo provocado pela perda do emprego, entre eles, a instituição de um PDV. Nesse contexto, a greve foi realizada pelos empregados dentro dos limites da lei, inexistindo razão para que a classe trabalhadora seja prejudicada em razão do exercício de uma prerrogativa constitucional. Reafirme-se: o direito constitucional de greve foi exercido para tentar regulamentar a dispensa massiva, fato coletivo que exige a participação do Sindicato. Destaque-se a circunstância de

2012), USIMINAS (em setembro de 2012) e NOVELIS (em dezembro de 2012).[14-15]

Em abril de 2013 o Tribunal Superior do Trabalho foi além e chancelou a despedida de 180 (cento e oitenta) empregados (ou 8,2% do quadro de pessoal) da EATON LTDA., valendo-

---

que, conforme foi esclarecido na decisão dos embargos de declaração, a Suscitante já iniciara o processo de despedida de alguns empregados, prática cuja continuidade foi obstada pela pronta intervenção do Sindicato. Considera-se, por isso, que a situação especial que ensejou a greve autoriza o enquadramento da paralisação laboral como mera interrupção do contrato de trabalho, sendo devido o pagamento dos dias não laborados, nos termos da decisão regional. Recurso ordinário desprovido."

14. Recurso de Revista nº TST-RR-9800-84.2009.5.02.0251 - Recorrente MINISTÉRIO PÚBLICO DO TRABALHO DA 2ª REGIÃO e Recorridos SINDICATO DOS TRABALHADORES NAS INDÚSTRIAS SIDERÚRGICAS, METALÚRGICAS, MECÂNICAS, DE MATERIAL ELÉTRICO E ELETRÔNICO E INDÚSTRIA NAVAL DE CUBATÃO, SANTOS, SÃO VICENTE, GUARUJÁ, PRAIA GRANDE, BERTIOGA, MONGAGUÁ, ITANHAÉM, PERUÍBE E SÃO SEBASTIÃO e USINAS SIDERÚRGICAS DE MINAS GERAIS S.A. - USIMINAS. Ementa: "RECURSO DE REVISTA. DISPENSA EM MASSA DE TRABALHADORES. AUSÊNCIA DE NEGOCIAÇÃO PRÉVIA. INDENIZAÇÃO POR DANO MORAL COLETIVO. DISSÍDIO COLETIVO POSTERIOR. O que determina o dano moral coletivo é a conduta ilícita do empregador, que atinge a esfera moral da sociedade, como no caso em exame, em que a empresa procede a dispensa em massa dos trabalhadores, violando o princípio constitucional do trabalho, que conceitua também o princípio da dignidade do trabalhador. A reparação é devida com o fim de restituir o patrimônio imaterial em face do ato ilícito em relação a grupo de trabalhadores, no importe de R$50.000,00, com o fim de atribuir caráter pedagógico à condenação, levando em consideração que, em dissídio coletivo o grupo de trabalhadores teve garantida a nulidade do ato, tendo a empresa realizado acordo que possibilitou amenizar a conduta ilícita já perpetrada. Recurso de revista conhecido e provido."

15. Recurso Ordinário nº TST-RO-6-61.2011.5.05.0000 - Recorrente NOVELIS DO BRASIL LTDA. e Recorrido SINDICATO DOS TRABALHADORES NAS INDÚSTRIAS METALÚRGICAS, SIDERÚRGICAS, MECÂNICAS, AUTOMOBILÍSTICAS E DE AUTOPEÇAS, DE MATERIAL ELÉTRICO E ELETRÔNICO, DE INFORMÁTICA E DE EMPRESAS DE SERVIÇOS DE REPAROS, MANUTENÇÃO E MONTAGEM DE CANDEIAS, SÃO FRANCISCO DO CONDE, MADRE DE DEUS E SANTO AMARO, BAHIA. Ementa: "DISSÍDIO COLETIVO DE NATUREZA JURÍDICA. DISPENSA COLETIVA. ENCERRAMENTO DA UNIDADE FABRIL. NEGOCIAÇÃO COLETIVA. 1. Ao interpretar o sistema constitucional vigente, como também as Convenções da OIT, firmou-se a jurisprudência desta Seção de Dissídios Coletivos no sentido de que a dispensa coletiva não constitui mero direito potestativo do empregador, uma vez que, para sua ocorrência e a definição de seus termos, tem de ser objeto de negociação com o correspondente sindicato de trabalhadores. 2. Na hipótese vertente, a empresa suscitada encerrou suas atividades no município de Aratu-BA, procedendo à dispensa de todos os empregados dessa unidade industrial, alegando questões de estratégia empresarial e redução dos custos de produção. 3. Nesse contexto, a negociação coletiva prévia com a entidade sindical dos trabalhadores fazia-se ainda mais necessária, tendo em vista que não se tratava de mera redução de pessoal, mas de dispensa da totalidade dos empregados do estabelecimento, com consequências mais graves para os trabalhadores desempregados. 4. Impõe-se, portanto, a manutenção da decisão recorrida que declarou a ineficácia da dispensa coletiva, e suas consequências jurídicas no âmbito das relações trabalhistas dos empregados envolvidos. Recurso ordinário a que se nega provimento."

-se, para tanto, de uma distinção meramente conceitual entre dispensa coletiva e plúrima.

Ao julgar o caso EATON[16] o Tribunal Superior do Trabalho concluiu que se tratava de dispensa plúrima, atribuindo-lhe consequências jurídicas distintas da dispensa coletiva, à qual se aplicaria o entendimento firmado no caso EMBRAER. Para o Tribunal Superior do Trabalho, a despedida coletiva seria aquela pautada em fato objetivo alheio à pessoa do empregado, seja ele de ordem econômica, tecnológica ou estrutural. A despedida plúrima, por sua vez, receberia o mesmo tratamento da despedida individual.

Entretanto, e embora a tese ainda estivesse pendente de apreciação pelo Supremo Tribunal Federal[17], o Poder Legislativo editou a Lei n.º 13.467/2017, denominada Reforma Trabalhista, acrescentando à CLT o art. 477-A, com a seguinte redação:

> Art. 477-A. As dispensas imotivadas individuais, plúrimas ou coletivas equiparam-se para todos os fins, não havendo

16. Recurso Ordinário n.º TST-RO-147-67.2012.5.15.0000 - Recorrente SINDICATO DOS TRABALHADORES NAS INDÚSTRIAS METALÚRGICAS, MECÂNICAS E DE MATERIAL ELÉTRICO, ELETRÔNICO E FIBRA ÓPTICA DE CAMPINAS E REGIÃO e Recorrida EATON LTDA. Ementa: RECURSO ORDINÁRIO. DISSÍDIO COLETIVO DE NATUREZA JURÍDICA. DEMISSÃO COLETIVA. CONFIGURAÇÃO. 1. A questão objeto do presente Recurso situa-se apenas em definir se o caso concreto amolda-se ao conceito de demissão em massa, premissa afastada pelo Órgão de origem e que resultou no indeferimento do pedido. Não se trata, portanto, de verificar os efeitos jurídicos de uma dispensa coletiva, mas se, sob o aspecto jurídico, tem ela essa conformação. 2. Versa o caso sobre a dispensa de 180 empregados num interregno de 4 meses, período esse de incremento de produção e recuperação de postos de trabalho. 3. A descaracterização da hipótese de demissão coletiva, no caso vertente, emerge já do seu aspecto causal, que constitui o núcleo do conceito, por se tratar de premissa básica e constante na sua formulação, segundo as normas de direito internacional e direito comparado. Não se verifica aqui a existência de fato único, seja ele de ordem econômica, tecnológica ou estrutural, alheio à pessoa do empregado, que possa moldar o caso à hipótese de demissão coletiva. Trata-se, na espécie, de dispensa plúrima. Recurso Ordinário a que se nega provimento.
17. Matéria submetida ao Supremo Tribunal Federal, em sede de Repercussão Geral no Recurso Extraordinário com Agravo n.º 647.651/SP, Relator Min. Marco Aurélio. Ementa: CONTRATO DE TRABALHO – ROMPIMENTO – NEGOCIAÇÃO COLETIVA – EXIGÊNCIA NA ORIGEM – RECURSO EXTRAORDINÁRIO – REPERCUSSÃO GERAL VERIFICADA. Possui repercussão geral a controvérsia acerca da necessidade de prévia negociação coletiva com o sindicato dos trabalhadores para dispensa dos empregados em massa. Decisão: O Tribunal, por maioria, reputou constitucional a questão, vencido o Ministro Luiz Fux. Não se manifestou a Ministra Cármen Lúcia. O Tribunal, por maioria, reconheceu a existência de repercussão geral da questão constitucional suscitada, vencido o Ministro Luiz Fux. Não se manifestou a Ministra Cármen Lúcia.

> necessidade de autorização prévia de entidade sindical ou de celebração de convenção coletiva ou acordo coletivo de trabalho para sua efetivação.

Ou seja, numa deliberada reação ao precedente firmado pelo Tribunal Superior do Trabalho e ignorando os direitos humanos e fundamentais dos trabalhadores, o Congresso Nacional brasileiro eliminou, por completo, a mínima proteção conferida pelo precedente firmado no caso Embraer.

Ainda não há manifestação do Plenário do Tribunal Superior do Trabalho sobre o novo artigo da CLT; entretanto, há precedentes da Corregedoria-Geral da Justiça do Trabalho, em sede de Correições Parciais ajuizadas pela Sociedade de Ensino Superior Estácio de Sá (a exemplo da CorPar-1000011-60.2018.5.00.0000). Em tais procedimentos, o então presidente do Tribunal Superior do Trabalho, ministro Ives Gandra Martins Filho, no exercício da Corregedoria-Geral da Justiça do Trabalho, concluiu que as demissões coletivas podem ocorrer sem a necessidade de qualquer interveniência do Sindicato, nos exatos termos do artigo 477-A da nova CLT.

Nesse contexto, é possível afirmar que a hipótese da presente pesquisa também se confirma no âmbito coletivo, já que a jurisprudência dominante do Tribunal Superior do Trabalho não assegurava efetiva proteção contra a despedida arbitrária ou sem justa causa, na forma prevista no art. 7º, I, da Constituição Federal.

A imprescindibilidade da negociação coletiva não conferia qualquer proteção concreta aos trabalhadores, na medida em que, frustrada a negociação – inclusive nos casos de mera intransigência do empregador –, as despedidas poderiam ser implementadas. Era, portanto, mero requisito formal de validade do ato de despedida coletiva instituído pelo Tribunal Superior do Trabalho, o qual carecia de força suficiente para assegurar o direito fundamental ao trabalho em todas as suas facetas, entre as quais o direito à manutenção do emprego e sua proteção contra despedidas injustificadas de iniciativa do empregador..

Considerando que o Tribunal Superior do Trabalho é o órgão de cúpula da Justiça do Trabalho, bem como que ainda havia decisão do Supremo Tribunal Federal sobre a matéria, era possível afirmar que o precedente do caso Embraer orientou a atuação dos demais Tribunais Trabalhistas até a Reforma Trabalhista, chancelando a despedida coletiva desde que precedida de prévia negociação coletiva (ainda que com pífio ou nenhum resultado benéfico aos trabalhadores). Ou seja, na linha do precedente do Tribunal Superior do Trabalho, bastava, para a despedida coletiva de empregados, uma simples reunião formal entre empresa e sindicato dos trabalhadores, ainda que sem resultados práticos concretos.

Entretanto, com a Reforma Trabalhista, sequer essa negociação prévia é exigida, tornando o art. 7º, inciso I, da Constituição Federal letra morta.

Ora, o que caracteriza a licitude da despedida não é a existência de prévia negociação coletiva, mas a plausibilidade do motivo determinante, o qual deve ser exposto e provado pelo empregador quando do desligamento dos empregados.

Assim, as despedidas coletivas que não forem por justa causa nem pautadas em motivo de ordem disciplinar, técnica, econômica ou financeira serão ilícitas, ainda que precedidas de negociação coletiva. No entanto, esse não foi o entendimento que prevaleceu na jurisprudência do Tribunal Superior do Trabalho, nem o que orientou os legisladores quando dos debates sobre a Reforma Trabalhista, acarretando a supremacia das leis do mercado e da livre iniciativa, permitindo uma livre flutuação da mão de obra.

Resta, pois, aguardar o julgamento da ADI n.º 6142 pelo Supremo Tribunal Federal, na qual a Confederação Nacional dos Trabalhadores Metalúrgicos (CNTM) questiona o art. 477-A da CLT, incluído pela Reforma Trabalhista.

CONSIDERAÇÕES FINAIS

Após o que foi exposto, é possível extrair as seguintes conclusões:

a) a sociedade vive em constante evolução, sempre influenciada por fenômenos sociais, econômicos e políticos, entre os quais podemos destacar a concentração em centros urbanos, a progressiva industrialização, a automação e expansão comercial, o desenvolvimento dos meios de comunicação e de transporte, a adoção do modelo capitalista de produção, a democratização do Estado, o desemprego, a globalização, a internet, o rompimento de barreiras econômicas e a internacionalização dos mercados, entre outras questões. A globalização econômica, ínsita à vigente ordem econômica mundial, tem acarretado a precarização do mercado de trabalho e, em consequência, a violação dos princípios e direitos fundamentais dos trabalhadores;

b) o trabalho digno e decente, enquanto direito fundamental do homem e instrumento de concretização da dignidade da pessoa humana, está fragilizado, gerando um quadro de instabilidade social, com dispensas arbitrárias e desemprego estrutural e em massa. Urge, pois, a adoção de políticas públicas que garantam a inclusão social e a compatibilização dos interesses do capital e do trabalho, de forma que a livre iniciativa, a propriedade privada e a livre concorrência valorizem o trabalho humano, a função social da propriedade, o pleno emprego e o trabalho digno e duradouro, responsável pela integração do trabalhador ao mercado de trabalho;

c) o Estado e a sociedade devem se unir para superar entraves e obstáculos socioeconômicos, harmonizando os valores sociais do trabalho e da livre iniciativa, garantindo o primado do trabalho decente e assegurando subsistência digna ao trabalhador e à sua família, em prol da melhoria de sua condição social, o que pressupõe a observância e efetivação dos direitos fundamentais;

d) a Constituição de um país deve ser encarada como uma carta-programa aberta ao futuro, com vistas à efetivação dos seus preceitos, jamais para negá-los. Assim, a Constituição Federal de 1988, a partir de seus valores e de seus princípios, em especial o da dignidade da pessoa humana e o da valorização do trabalho, não assegura ao empregador o direito potestativo de despedir sem qualquer justificativa ou motivação. Ao contrário, assegura a proteção do emprego contra a despedida arbitrária ou sem justa causa, que não pode ser vista apenas e exclusivamente sob o aspecto financeiro (como um mero custo trabalhista), mas, principalmente, a partir do efeito inibitório de proibir despedidas imotivadas;

e) o art. 7º, I, da Constituição Federal de 1988 não é apenas mais uma norma meramente programática completamente dependente de legislação futura. É, na verdade, norma constitucional plenamente apta para ser aplicada de imediato a todas as relações de emprego e, com isso, vedar a despedida arbitrária ou sem justa causa de empregados mesmo na ausência da lei complementar e ainda que não possuam estabilidade ou outra garantia de emprego específica. Em razão da força normativa e vinculante, o art. 7º, I, da Constituição Federal de 1988 estabelece que nem os empregadores nem o Estado, por seus Poderes Executivo, Legislativo e Judiciário, podem praticar ou editar atos que materializem, facilitem ou induzam despedidas arbitrárias ou sem justa causa, já que o próprio constituinte de 1988 cuidou de classificá-las como antijurídicas. Portanto, são arbitrárias as despedidas que carecem de motivação relevante ou socialmente aceitável, bem como aquelas cuja motivação seja inexistente, irrelevante, acarrete violação a direito fundamental ou discriminação dos trabalhadores, já que atentam contra os bons costumes, carecem de propósito econômico e social ou, ainda, são destituídas de boa-fé;

f) as normas e os princípios constitucionais que tutelam o pleno emprego no Brasil ainda não receberam o tratamento constitucional adequado e merecido por parte do Poder Legislativo, que ainda não regulamentou a proteção da relação de emprego contra a despedida arbitrária ou imotivada (art. 7º, I, da Constituição Federal de 1988). Diante desse quadro de manifesta mora legislativa, essas normas devem ser interpretadas e aplicadas de forma a se obter eficácia plena e imediata, pois não é admissível nem razoável que a mora do Estado restrinja ou impeça o gozo de direitos fundamentais. Além disso, negar aplicação ao art. 7º, I, da Constituição Federal de 1988 é subverter os fins sociais da norma, negando eficácia ao seu conteúdo essencial e indisponível;

g) há meios adequados para superar a omissão legislativa inconstitucional e, com isso, sancionar adequadamente os eventuais excessos e abusos dos empregadores nas despedidas, assegurando e efetivando o direito fundamental ao trabalho e sua continuação, como requisito imprescindível para a valorização do trabalho e o respeito à dignidade da pessoa humana. Assim, o art. 7º, I, da Constituição Federal de 1988 deve ser interpretado e aplicado de forma a alcançar a máxima efetividade, já que disciplina uma das facetas do direito fundamental ao trabalho (digno e decente), qual seja, a manutenção do emprego e sua proteção contra investidas arbitrárias e imotivadas do empregador, assegurando, como consequência lógica, a reintegração do empregado em tais circunstâncias, ainda que não reste configurada qualquer hipótese específica de estabilidade ou de garantia do emprego, já que o resgate do contrato é consequência natural da nulidade da despedida.

h) as despedidas não arbitrárias e por justa causa são lícitas, pois pautadas em critérios razoáveis e proporcionais que harmonizam a livre iniciativa e o poder patronal com a valorização do trabalho e a dignidade da pessoa humana. Em sentido contrário, são ilícitas as despedidas que sujeitam o trabalhador ao puro capricho, arbítrio, faculdade ou mesmo à ilimitada discricionariedade do empregador, transformando-o em mero fator de produção.

Não obstante essas conclusões, ainda prevalece na jurisprudência do Tribunal Superior do Trabalho entendimento liberal e individualista, com a valorização da livre iniciativa e do poder diretivo do empregador em detrimento da função social da empresa, do direito fundamental ao pleno emprego e da continuidade da respectiva relação, restringindo a eficácia horizontal dos direitos fundamentais, com crise para a normatividade da Constituição.

Tanto é assim que a jurisprudência dominante do Tribunal Superior do Trabalho, em regra, não concretiza a proteção da relação de emprego contra a despedida arbitrária ou sem justa causa, na forma prevista no art. 7º, I, da Constituição Federal, limitando a tutela a uma indenização compensatória ou a reintegração nos casos de flagrante discriminação. Nos demais casos a proteção é limitada à multa rescisória de 40% do FGTS, na forma do art. 10, I, do ADCT.

Com isso, resta confirmada a hipótese ventilada anteriormente, o que demanda uma maior reflexão de todos os que militam na área trabalhista, inclusive dos atores sociais envolvidos.

REFERÊNCIAS

ALVES, Giovanni. **Dimensões da precarização do trabalho: ensaios de sociologia do trabalho.** Bauru: Canal 6, 2013.

ANDRADE, Everaldo Gaspar Lopes de. **Direito do trabalho e pós-modernidade: fundamentos para uma teoria geral**. São Paulo: LTr, 2005.

AMENDOEIRA JR., Sidnei. **Poderes do Juiz e Tutela Jurisdicional: a utilização racional dos poderes do juiz como forma de obtenção da tutela jurisdicional efetiva, justa e tempestiva.** Coleção Atlas de Processo Civil, coord. Carlos Alberto Carmona. São Paulo: Atlas, 2006.

ANTUNES, Ricardo. A nova morfologia do trabalho, as formas diferenciadas da reestruturação produtiva e da informalidade no Brasil. In: REIS, Daniela Muradas; MELLO, Roberta Dantas De; COURA, Solange Barbosa de Castro (Coord.). **Trabalho e justiça social: um tributo a Maurício Godinho Delgado**. São Paulo: LTr, 2013 p.158-165.

ARENHART, Sérgio Cruz. **Reflexões sobre o princípio da demanda**. Disponível em: www.academia.edu/221841/Reflexoes_sobre_o_principio_da_demanda. Acesso em: 15.dez.2013.

BARROS, Alice Monteiro de. **Curso de direito do trabalho**. São Paulo: LTr, 2005.

BARROSO, Luís Roberto. **O direito constitucional e a efetividade de suas normas: limites e possibilidades da constituição brasileira.** 3. ed. Rio de Janeiro: Renovar, 1996.

____________. **Curso de direito constitucional contemporâneo: os conceitos fundamentais e a construção do novo modelo**. 3. ed. São Paulo: Saraiva, 2011.

BEBBER, Júlio César. **Processo do trabalho: adaptação à contemporaneidade**. São Paulo: LTr, 2011.

BEDAQUE, José Roberto dos Santos. **Direito e processo: a influência do direito material sobre o processo**. 5. ed. rev. e ampl. São Paulo: Malheiros, 2009.

____________. **Efetividade do processo e técnica processual**. 3. ed. São Paulo: Malheiros, 2010.

BENJAMIN, Antônio Herman. Direito constitucional ambiental brasileiro. In: CANOTILHO, José Joaquim Gomes; LEITE, José Rubens Morato. **Direito constitucional ambiental brasileiro**. São Paulo: Saraiva, 2007, p. 57-130.

BERCOVICI, Gilberto. A problemática da Constituição dirigente: algumas considerações sobre o caso brasileiro. **Revista de Informação Legislativa.** Brasília, ano 36, n.º 142, p. 35-51, abr./jun., 1999.

____________. **Constituição econômica e desenvolvimento: uma leitura a partir da Constituição de 1988.** São Paulo: Malheiros, 2005.

BOBBIO, Norberto. **A era dos direitos**. Trad. Carlos Nelson Coutinho. 19. tir. Rio de Janeiro: Campis, 2004.

BONAVIDES, Paulo. **Curso de direito constitucional.** 19. ed. São Paulo: Malheiros, 2006.

CANOTILHO, José Joaquim Gomes. **Constituição dirigente e vinculação do legislador: contributo para a compreensão das normas constitucionais programáticas.** 2. ed. Coimbra: Coimbra Editora, 2001.

CARVALHO, Augusto César Leite de. **Garantia de indenidade no Brasil: o livre exercício do direito fundamental de ação sem o temor de represália patronal.** São Paulo: LTr, 2013.

CASSAR, Vólia Bomfim. **Princípios trabalhistas, novas profissões, globalização da economia e flexibilização das normas trabalhistas.** Niterói: Impetus, 2010.

CECATO, Maria Áurea Baroni. Considerações acerca da dignidade do trabalhador ante os reflexos da automatização. **Verba Juris**: Anuário da pós-graduação em Direito. João Pessoa, v. 4, n. 4, p. 415-46, jan./dez. 2005.

__________ Direitos humanos do trabalhador: para além do paradigma da Declaração de 1998 da OIT. In: Rosa M. Godoy *et al.* **Educação em direitos humanos: fundamentos teórico-metodológicos.** p. 351-371. João Pessoa: Editora Universitária, 2007.

__________ Interfaces do trabalho com o desenvolvimento: inclusão do trabalhador segundo os preceitos da Declaração de 1986 da ONU. **Prima Facie - Direito, História e Política**, João Pessoa, v. 11, n. 20, p. 23-42, jan-jun, 2012.

CORDEIRO, Wolney de Macedo. **Manual de execução trabalhista: aplicação ao processo do trabalho das Leis n.º 11.232/2005 (Cumprimento da sentença) e 11.382/2006 (Execução de títulos extrajudiciais).** Rio de Janeiro: Forense, 2008.

DALLARI, Dalmo de Abreu. **Constituição e constituinte**, 4. ed. São Paulo: Saraiva, 2010.

DANTAS, Miguel Calmon. **Constitucionalismo dirigente e pós-modernidade.** São Paulo: Saraiva, 2009.

DELGADO, Gabriela Neves. Estado democrático de direito e direito fundamental ao trabalho digno. In: REIS, Daniela Muradas; MELLO, Roberta Dantas De; COURA, Solange Barbosa de Castro (Coord.). **Trabalho e justiça social: um tributo a Maurício Godinho Delgado**. São Paulo: LTr, 2013, p.250-256.

DELGADO, Maurício Godinho. **Curso de direito do trabalho**. 10. ed. São Paulo: LTr, 2011.

__________ **Capitalismo, trabalho e emprego: entre o paradigma da destruição e os caminhos da reconstrução**. São Paulo: LTr, 2006.

DIDIER JR., Fredie. **Curso de direito processual civil: teoria geral do processo e processo de conhecimento**. 11. ed. Salvador: Editora JusPodivm, 2009.

___________. **Curso de direito processual civil: teoria da prova, direito probatório, teoria do precedente, decisão judicial, coisa julgada e antecipação dos efeitos da tutela**. 4. ed. Salvador: Editora JusPodivm, 2009 (a)

DINAMARCO, Cândido Rangel. **A instrumentalidade do processo.** 15. ed. rev. e atual. São Paulo: Malheiros, 2013.

FELICIANO, Guilherme Guimarães. Justiça do Trabalho: nada mais, nada menos. **Jus Navigandi**, Teresina, ano 10, n. 736, 11.jul.2005. Disponível em: <http://jus.com.br/artigos/6989>. Acesso em: 12.jan.2014.

GARCIA, Gustavo Filipe Barbosa. **Manual de direito do trabalho.** 2. ed. rev. e atual. Rio de Janeiro: Método, 2010.

GEDIEL, José Antônio Peres. A irrenunciabilidade a direitos da personalidade pelo trabalhador. SARLET, Ingo Wolfgang (organizador). **Constituição, direitos fundamentais e direito privado**. 3. ed. rev. e ampl. Porto Alegre: Livraria do Advogado Editora, 2010, p. 145-157.

GOMES, Domingos Taciano Lepri. Da constitucionalidade do art. 16 da lei de ação civil pública. Limitação da coisa julgada no âmbito territorial do órgão prolator. SANTOS, Enoque Ribeiro dos (coordenador). **Direito coletivo moderno: da LACP e do CDC ao direito de negociação coletiva no setor público**. São Paulo: LTr, 2006, p. 25-52.

GOMES, Maíra Neiva; COSTA, Cynthia Lessa da. Direito do trabalho e constitucionalismo. In: REIS, Daniela Muradas; MELLO, Roberta Dantas De; COURA, Solange Barbosa de Castro (Coord.). **Trabalho e justiça social: um tributo a Maurício Godinho Delgado.** São Paulo: LTr, 2013, p.257-267.

GRAU, Eros Roberto. **A ordem econômica na Constituição de 1988.** 15. ed. rev. e atual. São Paulo: Malheiros, 2012.

HARVEY, David. **Espaços de esperança**. Tradução de Adail Ubirajara Sobral e Maria Stela Gonçalves. 2. ed., São Paulo: Edições Loyola, 2006.

HESSE, Konrad. **A força normativa da Constituição**. Trad. Gilmar Ferreira Mendes. Porto Alegre: Sergio Antonio Fabris Editor, 1991.

LASSALLE, Ferdinand. **O que é uma Constituição?** 1. ed. São Paulo: CL Edijur, 2014.

LAURINO, Salvador Franco de Lima. **Tutela jurisdicional: cumprimento dos deveres de fazer e não fazer**. Rio de Janeiro: Elsevier, 2010.

LEITE, Carlos Henrique Bezerra. **Ministério Público do Trabalho: doutrina, jurisprudência e prática. 2. ed. rev., aum. e atual. São Paulo: Ltr, 2002.**

__________. **Curso de direito processual do trabalho**. 6. ed. São Paulo: LTr, 2008.

____________ A proteção da relação empregatícia no estado democrático de direito. In: REIS, Daniela Muradas; MELLO, Roberta Dantas De; COURA, Solange Barbosa de Castro (Coord.). **Trabalho e justiça social:** um tributo a Mauricio Godinho Delgado. São Paulo: LTr, 2013 p.237-249.

LORENZETTI, Ricardo Luis. **Teoria da decisão judicial: fundamentos de direito.** Bruno Miragem, tradução. Cláudia Lima Marques, notas. 2. ed. rev. e atual. São Paulo: Editora Revista dos Tribunais, 2010.

MAIOR, Jorge Luiz Souto. Convenção 158 da OIT. Dispositivo que veda a dispensa arbitrária é auto-aplicável. **Jus Navigandi**, Teresina, ano 9, n. 475, 25.out.2004. Disponível em: <http://jus.com.br/artigos/5820>. Acesso em: 21 jan. 2014.

MANUS, Pedro Paulo Teixeira. **Despedida arbitrária ou sem justa causa: aspectos do direito material e processual do trabalho.** São Paulo: Malheiros, 1996.

MARINONI, Luiz Guilherme, ARENHART, Sérgio Cruz. **Manual do processo de conhecimento**. 2. ed. rev. atual. e ampl. São Paulo: Editora Revista dos Tribunais, 2003.

MARINONI, Luiz Guilherme. **Tutela inibitória: individual e coletiva.** 4. ed. São Paulo: Editora Revista dos Tribunais, 2006.

__________. **Técnica processual e tutela dos direitos**. 3. ed. rev. e atual. São Paulo: Editora Revista dos Tribunais, 2010.

__________. **Teoria geral do processo.** 5. ed. rev. e atual. São Paulo: Editora Revista dos Tribunais, 2011.

MARQUES, Rafael da Silva. **Valor social do trabalho na ordem econômica, na Constituição brasileira de 1988**. São Paulo: LTr, 2007.

MARTINS, Sérgio Pinto. **Direito do trabalho.** 17. ed. São Paulo: Atlas, 2003.

MEDEIROS NETO, Xisto Tiago de. **Dano moral coletivo**. São Paulo: LTr, 2004.

MEIRELES, Edilton. **A constituição do trabalho: o trabalho na constituição da Alemanha, Brasil, Espanha, França, Itália e Portugal.** São Paulo: LTr, 2012.

MELLO, Celso Antônio Bandeira de. **Eficácia das normas constitucionais e direitos sociais.** 1. ed. 2. tir. São Paulo: Malheiros, 2010.

MELLO, Roberta Dantas de. O renascimento do direito do trabalho no século XXI: a experiência brasileira de 2003 a 2010. In: REIS, Daniela Muradas; MELLO, Roberta Dantas De; COURA, Solange Barbosa de Castro (Coord.). **Trabalho e justiça social: um tributo a Maurício Godinho Delgado**. São Paulo: LTr, 2013 p.133-149.

MENDES, Gilmar Ferreira. **Direitos fundamentais e controle de constitucionalidade: estudos de direito constitucional.** 3. ed. rev. e ampl. São Paulo: Saraiva, 2004.

MIRAGLIA, Lívia Mendes Moreira. Morfologia do direito do trabalho na atualidade: um diagnóstico acerca das relações de trabalho e de emprego. In: REIS, Daniela Muradas; MELLO, Roberta Dantas De; COURA, Solange Barbosa de Castro (Coord.). **Trabalho e justiça social: um tributo a Maurício Godinho Delgado.** São Paulo: LTr, 2013 p.38-46

NERY JÚNIOR, Nelson. O processo civil no código de defesa do consumidor. **Revista de processo.** São Paulo: Editora Revista dos Tribunais, n. 61, p. 24-35, jan-mar/1991.

NUNES, Cláudio Pedrosa. **Modificações do contrato de trabalho e sua reestruturação dogmática.** Curitiba: Juruá, 2009.

PINTO, José Augusto Rodrigues. **Curso de direito individual do trabalho**. 5. ed. São Paulo: LTr, 2003.

PIOVESAN, Flávia. **Proteção judicial contra omissões legislativas: ação direta de inconstitucionalidade por omissão e mandado de injunção**. 2 ed. rev. atual. e ampl. São Paulo: Editora Revista dos Tribunais, 2003.

__________. Direito ao trabalho decente e a proteção internacional dos direitos sociais. In: REIS, Daniela Muradas; MELLO, Roberta Dantas De; COURA, Solange Barbosa de Castro (Coord.). **Trabalho e justiça social: um tributo a Maurício Godinho Delgado**. São Paulo: LTr, 2013, p.348-366.

PORTO, Noemia. Despedir sem fundamentar é um direito do empregador? **Revista trabalhista: direito e processo**, ano 10, n. 39, ago./set. 2011. São Paulo: LTr, 2011, p. 68-83.

__________. **O trabalho como categoria constitucional de inclusão**. São Paulo: LTr, 2013.

PUCCINELLI JÚNIOR, André. **A omissão legislativa inconstitucional e a responsabilidade do estado legislador**. São Paulo: Saraiva, 2007.

SAMPAIO JÚNIOR, José Herval. **Tutelas de urgência: sistematização das liminares**. São Paulo: Atlas, 2011.

SARAIVA, Renato. **Direito do trabalho: versão universitária.** 2. ed. Rio de Janeiro: Forense; São Paulo: Método, 2009.

SARLET, Ingo Wolfgang. **Dignidade da pessoa humana e direitos fundamentais na Constituição Federal de 1988**. 9. ed. rev. atual. Porto Alegre: Livraria do Advogado Editora, 2011.

________. **A eficácia dos direitos fundamentais: uma teoria geral dos direitos fundamentais na perspectiva constitucional.** 10. ed. rev. atual. e ampl. Porto Alegre: Livraria do Advogado Editora, 2011 (a)

SEVERO, Valdete Souto. Proteção contra despedida arbitrária ou sem justa causa: art. 7º, I, da Constituição. **Revista trabalhista: direito e processo**. ano 8, v. I, n. 32, nov./dez. 2009. São Paulo: LTr, 2009, p. 224-244.

________. **O dever de motivação da despedida na ordem jurídico-constitucional brasileira**. Porto Alegre: Livraria do Advogado Editora, 2011.

SCMIDT, Biannka Jabrayan. Proteção constitucional contra dispensa arbitrária ou sem justa causa: protagonismo judicial na concreção do direito fundamental ao emprego. **Revista trabalhista: direito e processo**. ano 9, v. I, n. 36, nov./dez. 2010. São Paulo: LTr, 2010, p. 211-228.

SILVA, José Afonso da. **Curso de direito constitucional positivo**. 21. ed. São Paulo: Malheiros, 2002.

________. **Aplicabilidade das normas constitucionais**. 7. ed. São Paulo: Malheiros, 2007.

________. **Comentário contextual à Constituição**. 8. ed., São Paulo: Malheiros, 2012.

SUSSEKIND, Arnaldo, MARANHÃO, Délio, VIANA, Segradas e TEIXEIRA, Lima. **Instituições de Direito do Trabalho**. 21a ed., vol. I. São Paulo: LTr. , 2003.

TAVARES, André Ramos. **Curso de direito constitucional.** São Paulo: Saraiva, 2002.

TORRES, Ricardo Lobo. O mínimo existencial, os direitos sociais e os desafios de natureza orçamentária. In SARLET, Ingo Wolfgang e TIMM, Luciano Benetti. **Direitos fundamentais: orçamento e "reserva do possível"**. 2. ed. rev. e ampl. Porto Alegre: Livraria do Advogado Editora, 2010, p. 63-78.

VIANA, Márcio Túlio. Trabalhando sem medo: alguns argumentos em defesa da convenção n. 158 da OIT. **Revista do Tribunal Regional do Trabalho da 3ª Região**, Belo Horizonte, v.46, n.76, p.235-246, jul./dez.2007. Disponível em: <www.trt3.jus.br/escola/download/revista/rev_76/Marcio_Viana.pdf> Acesso em 10.jan.2014.

EDITORA
JusPODIVM
www.editorajuspodivm.com.br